영어 공부 말고
영어 독서 합니다

영어 공부 말고 영어 독서 합니다
노란 지붕에서 한 달 살기

초판 1쇄 발행 2024년 2월 10일

지은이 쏘피쌤, 토니, 너란아이, 앤마리, 하루 고요 한 시간
펴낸이 장길수
펴낸곳 지식과감성#
출판등록 제2012-000081호

기획총괄 김지다
편집 정명희, 서미화, 오은예, 권덕이
교정 정은솔
디자인 이현
검수 한장희
마케팅 김윤길, 정은혜

주소 서울시 금천구 벚꽃로298 대륭포스트타워6차 1212호
전화 070-4651-3730~4
팩스 070-4325-7006
이메일 ksbookup@naver.com
홈페이지 www.knsbookup.com

ISBN 979-11-392-1604-2(03190)
값 17,500원

- 이 책의 판권은 지은이에게 있습니다.
- 이 책 내용의 전부 또는 일부를 재사용하려면 반드시 지은이의 서면 동의를 받아야 합니다.
- 잘못된 책은 구입하신 곳에서 바꾸어 드립니다.

지식과감성#
홈페이지 바로가기

노란 지붕에서 한 달 살기

영어 공부 말고
영어 독서 합니다

쏘피쌤·토니·너란아이·앤마리·하루고요한시간 지음

"보증금 1만 원, 월세 1만 원 노란 지붕 입주자 모집"

매일 저절로 영어책을 읽게 만드는 공간
저축하는 영어 말고 '써먹는' 영어가 가능한 놀이터

CONTENTS

프롤로그: 노란 지붕에서 한 달 살기　　　　　　　　　　　8

1장
English_우리들의 영어 한풀이

영어는 오리발이다_쏘피쌤　　　　　　　　　　　　　14
영어로 뒤바뀐 인생 3막_토니　　　　　　　　　　　　18
우아한 영어는 없다_너란아이　　　　　　　　　　　　27
낭독에 대하여_하루 고요 한 시간　　　　　　　　　　32
나의 영어 사춘기_앤마리　　　　　　　　　　　　　　38

2장
Book_어려워도 읽게 되는 치명적 매력

영어책 저 너머 디어 마이 프렌드_쏘피쌤	46
난이도를 극복하게 만드는 스토리의 힘_토니	49
로알드 달 클럽에서 읽고 있습니다_너란아이	54
세상에 엄마표 영어가 어딨어?_하루 고요 한 시간	57
완독의 반대말은?_쏘피쌤	63

3장
Reading_내가 선호하는 영어 독서법

내 친구 오디오 북을 소개합니다_쏘피쌤	68
이북리더기로 원서 쉽게 읽기_토니	74
밤 10시 서재가 되는 부엌_너란아이	79
영어 원서 같이 읽어 드립니다_하루 고요 한 시간	84
앤마리의 리딩 레시피_앤마리	89

4장
Club_다양한 독서 공간과 경험

북클럽 영업 사원 쏘피쌤입니다_쏘피쌤	98
익명의 조력자를 만나다_토니	103
프로 공감 리더의 레시피_너란아이	107
잉글리시 북 카페_하루 고요 한 시간	110
온라인 북클럽 이용기_앤마리	115
토니의 책 여행 체험기_토니	119

5장
People_영어책 저 너머 사람들

쏘피쌤의 책장_쏘피쌤	130
책으로 통한 미국 이웃_토니	133
365일 + 365일_너란아이	139
북클럽의 온도_하루 고요 한 시간	143
북클럽 사람들: 책으로 만난 사이_앤마리	146

6장
Story_영어 독서 후 얻은 삶의 변화

리더와 뤼더 사이 Ⅰ _쏘피쌤	152
리더와 뤼더 사이 Ⅱ _쏘피쌤	156
책으로 달라진 일상_토니	159
다시 부엌에서 책을 펼치다_너란아이	164
내 영어의 목적지는 어디인가_하루 고요 한 시간	167
개구리가 올챙이에게_앤마리	171

에필로그 174

부록

북클럽 리북스에서 읽은 영어 원서 목록 180

프롤로그

노란 지붕에서 한 달 살기

　새로운 달이 시작되기 2주 전 다음 달 읽을 책을 고른다. 책꽂이를 뒤적거리며 손이 닿지 않는 곳까지 손을 뻗어 본다. 손에 집히는 파란색 원서를 들고 중간쯤을 펼쳐 본다. 읽기 쉬운 수준의 단어로 쓰였는지 확인한다. 이 책의 인지도가 어느 정도인지 검색해 본다. 그렇게 서너 권을 골랐지만 한참 고민해 본다. 어떤 사람들이 함께할 수 있을까? 이번에는 파란색 원서 《원더$_{Wonder}$》를 들고 집을 지으러 간다.

　집을 짓는 것은 어렵지 않다. 파란 바다와 무지개색 파라솔이 없어도 시원하다. 콘크리트 벽과 철근들이 없어도 단단하게 지을 수 있다. 그리고 누구나 지을 수 있다.

- 노란 지붕의 집 짓기 -

1. 뼈대를 만든다.
오픈채팅 탭에서 오른쪽 상단의 '말풍선 두 개가 겹친 아이콘'을 누른다. '그룹 채팅'을 선택하고 단톡방 이름에 '리북스 원서 읽기'를 입력한다. 프로필을 고른 뒤 커버 이미지에 미리 찍어 둔 사진을 등록한다.

2. 울타리를 친다.

오픈채팅 봇을 활성화시킨다. 공지에 내 소개, 책 소개, 인증 기간, 참가비, 페이백 기준, 인증 방법, 제한 사항까지 깨알같이 적어 둔다. 한 집에서 여럿이 살기 위한 든든한 울타리가 될 것이다. 함께 방을 운영할 부방장을 지원받는다. 커피 기프티콘 한 장 정도의 급여지만 부방장이 되면 책을 더 열심히 읽는다. 왕관 무게 이상의 관심과 애정을 방에 쏟는다.

3. 초대를 한다.

원서를 신청한 사람들에게 일일이 댓글을 단다. 손님들이 다 들어오시면 문을 걸어 잠근다.

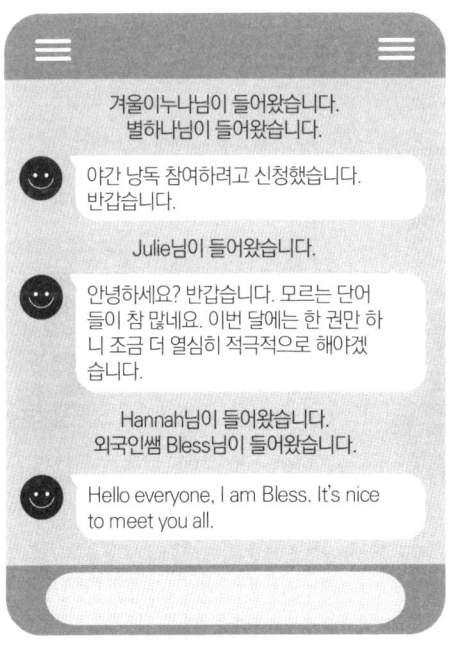

같은 책을 두고 강강술래라도 하듯 모인다. 커버부터 인증하고 각자의 방식으로 책을 읽는다. 책의 내용을 그림으로 그려 인증하는 멤버, 사랑스러운 목소리로 낭독하는 멤버, 포스트잇에 마음을 움직이는 문장을 적고 영국 황실에나 있을 것 같은 황동색 에스프레소 잔을 문진 삼아 고급진 인증을 하는 멤버, 초록초록한 마당이 보이는 화분 옆 유리창에서 필사로 인증하는 멤버. 책을 사랑하는 것만큼 인증에도 진심이다. 그런 날은 인증을 보는 것만으로도 힐링이다.

한번은 어떤 멤버가 비가 오니 막걸리를 먹어야 한단다. 비 오니까 쉬어야 할까 생각하는데 그새 인증이 올라온다. 성인들의 북클럽이지만 엄마도 있고 딸도 있다. 가르침도 있고 배움도 있다. 행복한 소란스러움을 통해 인사이트를 얻는다. 소란스러움을 깨는, 마법 같은 선착순 선물이 있다. 바로 바나나 맛 우유. 무료함의 마침표를 찍어 주는, 오아시스 같은 존재이다.

- 저랑 노란 지붕 밑에서 바나나 맛 우유 한 잔 하실래요?

1장

English
우리들의 영어 한풀이

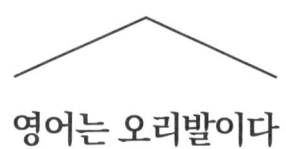

영어는 오리발이다

쏘피쌤

누구에게나 생생하게 기억에 남는 기분 좋은 순간들이 있다. 그런 기억 중 하나가 수영 강습 중 처음 오리발을 꼈을 때이다. 25m 레인을 두 번만 왕복해도 숨이 턱 끝까지 차던 내가 '오리발'이라는 신무기를 장착하니 그야말로 무적이 되었다. 마법에 걸린 듯 힘을 안 들이고도 앞으로 쭉쭉 나갔다. 툭 하면 숨을 헐떡거리며 벽에 붙어 있던 찌질이는 온데간데없었다. 인어 공주가 춤을 추듯 우아하게 물에서 놀았다. 오리발만 있으면 종일 수영할 수 있었다. 그래서 오리발을 끼고 수영하는 날이 기다려졌다.

수영과 달리 영어는 짝사랑 같은 존재였다. 중학교 시절부터 성인이 된 이후까지 영어 공부에 들인 시간만 10년이 족히 넘는다. 말로는 영어 공부를 그만두었다고 했지만 늘 아쉬웠다. 영어, 이 녀석. 마음을 열 것같이 굴다가 끝내 오리발을 내민 매정한 녀석 같으니라고! 영어를 잘하고 싶은데 안돼서 속상했던 이야기는 밤새 해도 모자라다. 영어 공부에 퍼부은 돈 얘기는 하지 말자. 서로 구차해지니까. 나만 이런 건 아니었다. 많은 사람이 왜 영어에서 실연의 아픔을 겪을까?

  내가 영어 말하기에 도전한 건 스물아홉 살 때였다. 회화책을 읽거나 EBS 영어 방송을 흘려들으며 영어 공부를 할 뿐 영어로 말해야겠다는 의욕은 크게 없었다. 그러던 중 집 근처 동사무소에서 원어민 회화 강좌 공고를 보았다. 집에서 가깝고 수업료도 저렴해서 가벼운 마음으로 시작했다. 혼자서만 말하기를 연습했기에 쉬운 단어를 문법에 맞게 나열하는 정도의 실력이었다. 하지만 파란 눈의 선생님은 내 이야기를 알아들어 주었다.

  '오! 마이 갓! 내가 영어로 말을 하다니!'

  신기하고 기분이 좋아 웃음이 실실 새어 나왔다. 그 강좌는 회화 연습을 제대로 해 보고 싶은 동기가 되었다. 당시 즐겨 듣던 EBS 방송 교재 속 스크립트를 통째로 외우기 시작했다. 수업 주제와 조금만 맞으면 외운 문장을 내뱉어 봤다. 3년 동안 꾸준히 영어 방송을 들으면서 다양한 상황 속 어휘와 표현들을 쌓아 갔다. 무턱대고 외우기만 했던 문장이 쌓이니 하고 싶은 말을 영어로 할 수 있다는 자신감을 얻었다. 그렇게 갈고닦은 영어는 어느새 나의 오리발이 되어 가고 있었다.

  영어로 말할 수 있다는 자신감은 강력한 무기가 되었다. 무척 소심했던 내가 혼자서 해외여행을 다니기 시작했다. 여행 중 만난 외국 친구 앞에서 주저 없이 영어를 내뱉었다. 또 다른 세상의 문이 열렸다. 더 견고한 아이템이 갖고 싶어졌다. 표현, 발음, 동작 그리고 문화까지.

넘치는 의욕으로 어학연수를 떠났다. 하지만 영국에서 만난 점잖은 신사 숙녀의 발음은 차라리 독일어에 가깝게 들렸다. 동사무소에서 만났던 원어민 선생님은 내 이야기를 쏙쏙 알아들었는데……. 왜 런던 맥도널드 점원은 '영수증'을 달라는 말을 세 번 말해 줘도 못 알아들은 걸까. 내가 알던 것과 실전에서 부닥치며 만난 영어는 달랐다. 모든 것이 리셋되었다. 자신감은 제로가 되었다. 6개월 동안 오전에 학원 수업을 듣고 오후에는 봉사나 무료 회화 강좌 등 영어로 말할 기회를 찾아다녔다. 하지만 단기 연수만으로 갑자기 영어 실력이 눈에 띄게 오르는 건 아니었다.

한국으로 돌아와 주말 영어 회화 동아리에 나가기 시작했다. 대화 주제는 다양했지만 단순한 문장밖에 말할 수 없었다. 유명하다는 회화책을 봐도 재미가 없었다. 유창하게 말하지 못해서 답답했고 입이 트였으면 하는 간절함 속에서 전에 잠시 시도하다 접었던 원서 읽기가 떠올랐다. 동아리에서 만난 몇몇과 원서 읽기 모임을 시작했다.

첫 번째 책은 영화로도 개봉되었던 엘리자베스 길버트의 《먹고 기도하고 사랑하라 Eat Pray Love》였다. 원서를 읽는다는 사실이 신기했고 즐거웠다. 나와 동년배라서 고민이 비슷했던 주인공의 이야기에 공감이 가다 보니 책 한 권을 순식간에 읽었다. 처음 회화 연습을 시작할 때 느꼈던 열정이 되살아났다. 책 한 권을 읽었다는 성취감과 즐거움을 동시에 주는 원서는 나의 선생님이자 친구가 되었다. 한 권을 다 읽고 재미없는 회화 연습은 그만두었다. 매달 한 권 이상 1년 정도 원서를 읽으니 자신감이 차올라서 영어로 말을 하고 싶어졌다. 이번에는 회화 동아리 리더로서 적극적으로 참여하였다. 동아리 내

스터디를 이끌면서 무료로 기초 문법을 가르쳤다. 문법책 한 권을 꼼꼼히 보면서 회화에 필요한 문법을 정리했다. 1년이 지나니 전보다 더 세련된 영어 문장으로 다채로운 표현을 구사하게 되었다.

읽기, 말하기, 듣기, 쓰기 각 영역을 옮겨 다니며 영어 공부를 한 시간만 10년이 넘었다. 한 영역에 막히면 과감히 다른 영역으로 넘어갔다. 말하기가 안 되자 읽기에 도전한 것처럼 말이다. 원서는 나에게 정답지가 없는 영어 문제집 같았다. 채점하지 않아도 되니 흥미를 잃지 않고 꾸준하게 영어를 연습할 수 있었다.

길거리 한복판에서 헤매는 외국인을 도울 수 있는 뿌듯함, 혼자서도 해외여행을 갈 수 있게 된 용기, 자막 없이 미드를 보는 여유. 영어 덕분에 삶이 다채로워졌다. 나는 영어라는 오리발을 끼고 드넓은 바다에서 유영한다.

당신에게 영어는 어떤 오리발인가요? 아무리 연습을 해도 발뺌하는 오리발인가요? 아니면 삶을 신나게 유영하게 도와주는 오리발인가요?

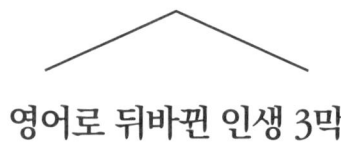

영어로 뒤바뀐 인생 3막

토니

영어 인생 1막

  TV 앞에 앉아 영화 〈오즈의 마법사〉를 본 게 몇 살 때였을까? 흑백 화면이었다. 회오리바람을 타고 도로시의 집이 하늘로 날아갔다. 부엌 딸린 작은 단칸방에서 우리 집도 날아갔으면 좋겠다고 상상하던 나를 기억한다. 탈출하고 싶다는 생각을 한 게 바로 그때부터였을까? 곰처럼 입을 꾹 다물고 울기만 하던 나에게 아무도 관심을 기울이지 않았다. 부모님께서 나를 사랑한다고 굳게 믿었지만 외로웠다. 도로시처럼 바람을 타고 가면 나의 진짜 부모님이 살고 있는 곳에 닿지 않을까 생각했다. 그게 아니라도 좋았다. 미지의 세계로 떠나고 싶었다.

  내가 살던 작은 집은 하늘로 날아가는 대신 철거되었다. 몇몇 집을 전전하며 성장기를 보내는 동안 오즈의 마법사는 까맣게 잊었다. 재미없는 모범생 역할에 충실했다. 대학 졸업 후 착실하게 밥벌이하면서 적금을 부었다. 오즈의 마법사는 잊었지만 지루한 삶에서 탈출하고 싶다는 생각은 변함이 없었는지 영어 학원에 잠시 다니기도 했다.

스물일곱 어느 날, 열병이 시작됐다. 갑갑한 사무실에 앉아 똑같은 일을 반복하는 게 숨 막혔다. 하고 싶은 일을 찾고 싶었다. 지금이 아니면 안 될 것 같았다. 그러나 안전한 울타리를 벗어나는 게 쉽지 않았다. 예측할 수 없는 삶이 무서웠다. 고민하는 동안 몸무게가 42kg까지 빠졌다. 지독한 열병을 앓은 후 회사를 관뒀다.

소설가가 되고 싶었다. 퇴사하기 몇 해 전 광주여자대학교에서 주최한 한국여성문학상 공모전에서 단편 부문 수상을 하고 문예창작과 편입의 기회를 얻은 적이 있었다. 그때 포기를 한 게 두고두고 후회됐다. 독학으로 소설 쓰기 공부를 한번 해 보자고 결심했다. 백수가 된 후 대학 도서관에서 하루 종일 책을 읽었다. 우리나라 근현대사를 대표하는 중단편 문학 전집을 모조리 읽었다. 그렇게 여섯 달이 지나자 갑자기 공포가 몰려왔다. 1900년대부터 현대에 이르기까지 온갖 부조리한 세상을 간접 체험하니 인간이 무서워졌다. 참혹한 인간사를 그려 내는 작가라는 직업에 의문이 생겼다. 아직 서른이 되지 않은 나는 그래도 세상이 환하기를 바랐던 것인지 작가로 살면 침울하고 회의적인 사람으로 변할까 봐 겁이 났다. 책을 후다닥 덮고 도서관 칸막이 좌석에서 얼른 도망쳤다.

'소설가가 될 테야'를 던져 버리고 선택한 것은 여행과 영어였다. 2001년만 해도 워킹홀리데이 비자를 가지고 호주로 가는 한국인이 드물었다. 영어 학원에서 배운 기초 영어만 가능한 상태로 호주 시드니로 날아갔다. 호주에서 영어 학원에 두 달 정도 다닌 뒤 아이스크림 가게 점원으로 일을 시작했다. 고객의 주문을 받아 아이스크림과 음료를 준비하는 업무를 맡았는데 사람들의 호주식 영어 발음을 좀처럼 알아들을 수 없었다. 함께 일하는 직원과 손님 앞에서 계속 버벅대다가 설거지 코너로 밀려났다. 영어를 알아듣지 못하는 내가 바보 같아서 눈물이 핑 돌았다. 수치심 때문에 하루 만에 일을 그만뒀다.

며칠 후 한국인이 운영하는 스시 테이크아웃 가게에서 다시 일을 시작했다. 직원이 모두 한국인이라 한결 마음이 편했다. 그러나 여전히 고객의 주문을 알아듣는 게 쉽지 않았다. 어떤 고객은 내가 영어를 잘 못한다는 것을 알고 일부러 더 많은 질문을 던지며 나를 곤란하게 만들기도 했다. 7개월가량 일하며 여행 경비를 모은 후 시드니를 떠났다.

호주 전역을 여행하는 동안 농장에서 일했다. 태어나서 처음 해 보는 육체노동은 쉽지 않았다. 딱딱한 배가 머리 위로 떨어졌다. 와인용 포도를 따는데 팔에 두드러기가 올라왔다. 수박이 너무 무거워 한 개도 들어 올리지 못했다. 바나나 농장에서는 가만히 있어도 땀이 흘러내렸다. 돈을 벌겠다고 간 농장 생활은 그저 체험으로 만족해야 했다. 농장에서 일하고 여행하기를 되풀이하는 동안 다양한 국적의 배낭여행자들과 교류했다. 떠듬떠듬 영어 단어를 나열하는 수준으로도 외국인과 말이 통하는 게 무척 신기했다. 이 경험 덕분에 영어 공부가 절실해졌다. 더 많은 사람을 만나고 싶었다. 그들이 사는 세상 이야기를 자세히 듣고 싶었다. 한국에 돌아가면 영어 공부를 열심히 하겠다고 다짐했다.

호주 여행을 끝내고 돌아왔을 때 내 나이는 스물아홉이었다. 취업이 쉽지 않은 나이였다. 영어 강사가 되면 어떨지 생각해 봤다. 영어도 꾸준히 공부하면서 돈을 벌 수 있는 직업이라 끌렸다. 그러나 시각디자인을 전공한 나를 채용해 줄 리가 없었다. 그래서 토익 점수를 만들기로 했다. 토익책 두 권을 샀다. 영어로 간단한 질문 몇 개 만드는 게 고작인 내가 토익책이라니! 일단 시작했다. 그나마 쉬운 리스닝 파트부터 공략했다. 처음에는 지문을 읽으면서 카세트테이프를 듣고 그다음에는 책을 덮고 지문을 얼마만큼 알아들을 수 있는지 확인했다. 이런 식으로 여러 차례 반복하면서 한 지문씩 집중 공략해 나가다 보니 귀가 좀 뜨였다. 리딩 파트는 모르는 단어가 반 이상인지라 공부하기가 무척 어려웠지만 꾸역꾸역 읽어 나갔다. 4개월 동안 하루 6시간 정도 시험을 준비했다. 같은 책을 세 번 정독한 후 토익 시험을 쳤다. 결과는 기대 이상이었다. 리딩 점수는 부족했지만 리스닝 점수가 만점 가까이 나온 덕에 첫 토익 시험에서 823점을 기록했다.

　영어 강사로 일자리를 구하기 전 다시 배낭여행을 떠났다. 배를 타고 중국에 도착했다. 베이징에서 국경을 넘어 베트남, 라오스, 태국, 캄보디아, 말레이시아를 여행했다. 마지막 여행지는 일본이었다. 3개월가량 각국에서 온 여행자들을 만났다. 호주에서 여행할 때보다 귀가 뜨인 상태라 사람들과 소통하는 게 한결 수월했다. 그러나 여전히 단순한 문장만 만들 수 있는 수준이어서 깊이 있는 대화에 대한 갈증이 컸다. 내가 가진 절호의 기회를 활용하지 못하는 게 안타까웠다.

여행을 끝내고 한국으로 돌아오자마자 영어 강사로 취직했다. 초등학생과 중학생 수강생이 200명이 넘는 대형 어학원이었다. 아이를 좋아하지도 않고 영어를 가르쳐 본 적도 없는 데다가 영어 실력마저 부끄러울 정도라 학생들에게 선생님 소리를 듣는 게 미안했다. 수업할 때마다 잔뜩 긴장했다. 그렇게 몇 달이 지난 후 드디어 안정이 찾아왔다. 영어 교재를 연구하며 수업 준비하는 것도, 학생들에게 영어를 가르치는 것도 재미있었다. 생각지도 못한 적성을 찾은 것 같아 만족스러웠다. 초등학생에게는 회화를, 중학생에게는 문법을 가르쳤다. 가르치는 입장에서 잘못된 지식을 전달하는 실수를 범하지 않으려고 꼼꼼하게 영어 교재를 공부하는 동안 내 영어 실력이 크게 향상되었다. 더불어 원어민 선생님과 대화를 나누면서 말하기 연습이 저절로 이루어졌다. 퇴근 후에는 한국방송통신대학교 영어영문학과에 편입해서 학위를 따기 위해 공부했다. 2년 6개월 후 대학을 졸업하고 나자 나도 영어 강사라고 당당하게 명함을 내밀 수 있었다.

　마음속에 회오리바람이 미친 듯이 몰아치던 스물일곱 살, 그때 나는 더 이상 흑백 TV 앞에 앉아 있던 무력한 아이가 아니었다. 사무실 책상을 박차고 나왔다. 회오리바람을 부여잡고 일상에서 탈출했다. 영어를 만나고 미지의 세계로 모험을 떠났다. 영어가 직업으로 연결되면서 만족과 보람을 얻었다. 절실함을 담은 단호한 결정이 내 인생의 방향을 틀어 버렸다. 영어 인생 1막을 열어 주었다.

영어 인생 2막

　남편을 만나면서 영어 인생 2막이 시작되었다. 남편은 파란 눈의 키가 큰 미국인이다. 오즈의 마법사처럼 내 앞에 나타난 남편과 십오 년을 함께 살고 있는데, 내가 원하면 웬만한 건 다 들어주는 게 정말로 마법사 같다. 하지만 이런 남편도 해결해 주지 못하는 게 있다. 바로 영어 스트레스이다. 남편을 만난 건 감사한 일이지만 365일 영어에 노출된 환경에서 사는 게 가끔은 싫고 억울할 때가 있다. 영어를 익힐 수 있는 최적의 조건을 가졌으면서 배부른 소리를 한다고 말하겠지만 나는 이 조건이 기회보다는 스트레스로 여겨진다. 국제 가족으로 살고 있다는 이유로 내 영어 실력에 대한 사람들의 기대치가 높은데 거기에 부응하지 못해서 자격지심이 든다. 원어민들과 대화할 때면 내가 하고 싶은 말을 마음껏 표현하지 못해서 답답하다.

　미국인 남편과 영어로 대화를 나누다 보면 영어 말하기 실력이 저절로 늘 것이라고 대부분 생각하는데 그렇지 않다. 남편 덕에 꾸준히 영어에 노출되고 있지만 내 영어 실력은 남편을 만나기 전에 습득한 수준에서 크게 달라진 게 없다. 내 영어 레벨이 'upper intermediate'라고 원어민 선생님께서 평가한 적이 있다. 내가 판단하는 바로 나의 영어 수준을 기술해 보자면, 외국인이 말하면 어려운 단어를 제외하고는 대부분 알아듣는다, 영어로 의사를 표현할 수 있으나 어휘력이 부족하고 문법적인 오류를 범한다, 일상 대화를 편하게 이어 가지만 깊이 있는 주제를 다루지 못한다, 이 정도로 요약할 수 있다. 해외 어학연수 경험도 없고 뒤늦게 독학으로 영어 공부를 시작한지라 발음도 투박하다. 경상도 사투리가 영어 발음에 박혀 있다. 중학생에게 문법을 지겹도록 가르친 경력이 있지만 말하기에서 문법적인 실수를 범한다.

 남편과 사는 동안 원어민과 어울리는 모임에 참석하면 마음이 편치 않을 때가 많았다. 영어로 말하는 동안에 내가 문법적 오류를 범하고 있다는 자각이 들어서 말 한마디 편하게 하지 못하고 주로 듣는 쪽이었다. 이럴 때면 내성적인 나의 성향이 싫어지기도 했다. 주눅 들고 의기소침한 나를 남편은 별로 답답해하지 않았다. 눈빛만 봐도 통하는 게 부부라고 했던가, 문장을 끝내기도 전에 단어 한두 개만 듣고도 남편은 내가 하고자 하는 말을 귀신같이 알아들었다. 영어로 말할 때 실수하는 부분을 고쳐 달라고 부탁해도 건성이었다. 아리송한 단어의 뜻을 물어보면 귀찮아했다. 본인은 하고 싶은 말을 다 할 수 있고 그 말을 내가 대부분 알아듣기 때문에 답답할 게 없었다. 할 말을 제대로 하지 못하는 나만 속이 시커멓게 타들어 갈 뿐이었다. 가끔 남편이 너무 얄미웠다.

 한국에 살고 있지만 영어 환경에 놓인 이상한 삶을 살면서 나는 두 얼굴의 인간이 되었다. 내세울 명함 하나 없지만 잘난 맛에 사는 나라는 자아와 영어를 못해 억울하고 자존감 바닥인 나라는 자아가 얼굴을 바꿔 댔다. 할 말 딱 부러지게 하는 나와 말없이 웃으며 맞장구만 쳐 주는 조용한 내가 서로를 의아하게 바라봤다. 두 얼굴을 가지고 변덕을 부리는 내가 무섭지도 않은지 남편은 한결같았다. 나의 내적 혼란은 나만의 것이었다. 늘 평온한 상태를 유지하는 남편은 마법사임이 분명했다.

　지긋지긋한 영어를 버릴 수는 없고 공부를 제대로 해야겠다는 다짐을 반복했지만 뚜렷한 목표 없이 공부를 지속하는 게 쉽지 않았다. 영어 공부를 하다 말기를 반복하면서 10여 년이 지나는 동안 영어 스트레스가 계속 쌓여 갔다. 그런 상태로 딸이 초등학교 4학년이 되었을 때 한국을 떠나 미국으로 이사했다. 미국에 가면 나도 정식으로 학교에 다니면서 영어 공부를 할 수 있겠다고 기대했다. 그러나 미국에 도착하고 얼마 지나지 않아 코로나가 시작되었다. 칩거가 1년 넘게 이어져 우울해할 때 우연히 온라인 영어 북클럽을 발견했다. 전혀 기대하지 않았던 영어 인생 3막이 시작되었다.

영어 인생 3막

　2021년 10월, 북클럽에 가입하여 무작정 《파친코 Pachinko》를 읽기 시작했다. 그때까지만 해도 앞으로 원서를 계속 읽을 수 있을지 회의적이었다. 해석이 잘 되지 않는 문장을 건너뛰면서 책을 읽는 게 답답했다. 끝까지 읽긴 했으나 책을 완벽하게 소화하지 못한 것이 영 찜찜했다. 그래도 힘든 여정을 이겨 내는 주인공처럼 장애물을 넘고 이야기를 따라갔다. 느릿느릿 걷더라도 멈추지는 않았다.

　그로부터 2년이 지났다. 그동안 40여 권의 원서를 읽었고 북클럽에서 소모임을 이끄는 리더로 활약하고 있다. 리더로서 매달 함께 읽을 책을 선정하고 독서 토론을 주최한다. 이런 나의 성장을 옆에서 지켜보던 남편도 덩달아 신나 한다. 모임 진행에 집중하느라 저

녁밥을 하지 않거나 설거지 당번을 미루면 마법의 지팡이를 휘두르며 남편이 집안일을 대신 해 준다. 책 읽다가 아리송한 문장의 해석을 요청하면 예전과는 달리 성의껏 설명해 준다. 내가 흥분해서 소설의 한 대목에 대해 말하면 귀 기울여 듣는다. 영어 인생 3막이 순조롭게 흐르고 있다.

 만약에 인생에서 좀 더 일찍 원서를 만났다면 어땠을까? 코로나가 아니었다 해도 원서라는 길에 도착할 수 있었을까? 원서를 읽는 일상이 나에게 무슨 미래를 가져다줄 수 있을까? 영어 공부 목표는 얼마만큼 성과를 이루었을까? 영어 인생 3막이 지금처럼 잔잔하게 이어질까? 아니면 영어 인생 4막이 나를 기다리고 있을까? 절실함에 용기를 쥐어짜 낼 순간이 다시 올까? 물음표를 달고 원서를 읽는다. 미지의 세계로 나를 데려다준 은색 구두를 옷장 속에 간직한 채 오즈의 마법사로부터 지지를 받으며 내 앞에 무슨 일이 일어날지 알지 못한 채 책장을 넘긴다. 어렴풋한 희망이 마음을 스친다.

우아한 영어는 없다

너란 아이

눈부신 직사광선을 피해 오븐에서 갓 구워 낸 첫 빵을 만나러 계단을 오른다. 열 칸쯤 올라갔을 때 뒤를 돌아본다. 따사로운 빛이 중앙 건물을 통해 반사된다. 예쁘게 장식된 마당에 세워진 파라솔들이 한여름 바닷가 풍경을 떠오르게 한다. 카페 입구 유리창에 프랑스 어느 골목쯤에 붙어 있을 만한 작은 메뉴판과 빵이 나오는 시간을 알리는 작은 메모가 붙어 있다. 가게 안에 들어서자마자 "오늘은 나를 데려가 주세요."라는 빵들의 속삭임이 들린다.

오전 10시. 뭔가를 배불리 먹기에는 이른 시간이지만 배에서는 꼬르륵거리며 전쟁을 치르고 있다. 입으로 빵이 쉴 새 없이 들어간다.

요즘 스몰 비즈니스를 한다. 같은 책을 한글로, 원서로, 외국인 선생님과의 1:1 대화로 총 3번을 읽는 프로그램을 운영하고 있다. 알고 지내던 외국인 친구들이지만 비즈니스를 하기 위해 직접 섭외에 나섰다. 미국인 선생님과 매달 북토크가 있는데 일정이 잡히면 일주일 전부터 신경 쓰였다. 호스트인 미국인 선생님에게 사전 질문 외에는 하지 말라고 해도 나에게 질문이 되돌아온다. 잘 듣고 대답해야 한다는 부담이 커진다. 어른이 되고 나서 하는 영어는 단어와 문장을 정확히 알지 못하면 구사하기 어려운 것 같다. 다양한 음소와 연음에 익숙하지 못해서 조금만 달라져도 알아듣기 어려웠다. 듣기가 해결되지 않으니 말하기도 두려웠다. 영어를 잘한다고 인정받고 싶은 강박에 시달렸다. 이런 나에게 친구가 충고를 한다.

- 나 20년 동안 영어 공부했어. 외국인 회사에서 근무해서 매일 영어를 모국어처럼 접하고 살아. 그런데 넌 이제 1년 했잖아.

나도 안다. 아직 영어 실력이 늘기에는 시간이 턱없이 부족하다는 것을. 그래서 외국인들을 만나면 입이 굳을 수밖에 없다는 것을. 그래도 현실은 얄짤없다. 준비할 시간도 주어지지 않는 전쟁터다.

2022년, 코로나가 한참일 때 영어 공부를 원서로 다시 시작했다. 뭐라도 붙들고 있어야겠다는 생각에 한국방송통신대학교 영어영문학과로 무작정 입학했다. 입학하자마자 느낀 건 20년 전과 비교해 별로 달라지지 않은 대학 수업 방식과 코로나로 인해 온라인 수업만 진행된다는 비극적인 현실이었다.

전공과 상관없이 수강 신청이 가능하기에 본업인 논술 강의와 연관된 국어교육과 청소년교육 전공 수업도 들었다. 글쓰기 과제가 대부분이라서 제출 기한만 맞추면 학점 따기는 어렵지 않았다.

언어를 배우는 일은 로켓을 발사하는 일과 비슷하다. 로켓이 궤도에 도착하기 전까지는 엄청난 에너지와 힘이 필요하다. 하지만 한 번 궤도를 넘어가면 그때부터는 큰 힘을 주지 않아도 로켓이 움직인다. 궤도에 도달하기 전에 조금만 힘이 빠져도 바닥으로 떨어진다. 내 영어 공부도 쉼이 없어야 했다. 쉼이 없으려면 올라가는 시간 동안에 에너지와 힘이 필요하다. 그렇다면 궤도를 넘기 위해 필요한 에너지와 힘은 어디서 얻을 수 있을까? 나는 아래와 같이 환경 설정을 했다.

- 영어 공부를 위한 환경 설정 -

1. 책 읽기 모임

코로나가 한창이던 2022년 1월, 친구의 권유로 생전 처음 원서 읽기 카페에 가입했다. 온라인 활동 자체에 익숙지 않았던 나는 아이들 ZOOM 수업도 못마땅했다. 하물며 책을 함께 온라인으로 읽는다니? 첫 ZOOM 미팅을 하던 날이 생생하게 떠오른다. 입장 링크를 누르고 멤버들을 마주하는 순간 느꼈던 긴장감. 상기된 표정과 입술을 깨물던 기억까지 생생하다. 그렇게 시작한 모임을 통해 신세계를 맛보았다. 함께 읽는 공간에서 서로 다른 인사이트를 나누고 내가 찾던 정보를 공유받는다. 생각에 갇히지 않아서 좋고, 혼자 읽는 것보다 덜 지쳐서 좋다. 소속감과 책임감이 생겨서 느리더라도 책을 끝까지 읽게 된다.

2. 루틴 만들기

오전에 아이들을 학교에 데려다주고 집에 돌아오면 잠이 쏟아진다. 그렇게 피곤한 것도 아닌데 집에만 들어가면 잠이 온다. 졸면서 주섬주섬 빨래를 갠다. 오후에 수업을 가려면 지금 자야 한다고 합리화한다. 자느라 시간을 다 보내니 책을 읽을 시간이 없다. 더는 안 되겠다 싶어서 루틴을 만들었다. 아이들을 학교에 데려다주고 카페에 도착하면 오전 8시 40분. 오전 11시까지 책을 읽고 일기를 쓴다. 커피 향을 맡으며 글을 쓰는 내가 우아한 사람이 된 것 같아 삶의 만족도가 커졌다.

3. 영어영문학과 편입과 전화 영어

과한 환경 설정이다. 3학년 편입을 하고 '내가 여기서 뭐 하는 거지?'를 생각할 겨를도 없이 1년 반이 흘렀다. 중간에 포기가 많다는 것을 이미 알고 있어서 졸업까지 생각지는 않았지만 어느새 마지막 학기만 남았다. 특히 영어 회화 시간에 교수님들이 주신 영어 공부 팁은 일상생활에서 큰 도움을 받았다. 여전히 두렵지만 전화 영어도 나를 영어 환경에 강제로 노출시키는 데 도움이 됐다.

12시가 되자 카페에 사람들이 하나둘 몰려온다. 먹지도 못한 빵은 다 식었고 달달한 오렌지에이드로 충전을 한다. 오늘 포기한 빵 한 조각이 이내 마음에 걸리는 것처럼 어딘가에 걸려 있는 영어에 대한 답답함을 이제는 풀고 싶다.

We are all traveling through time together, everyday of our lives. All we can do is do our best to relish this remarkable ride.
(우리는 매일의 삶을 시간과 함께 여행하고 있어요. 우리가 할 수 있는 건 이 훌륭한 여행을 즐기기 위해 최선을 다하는 것뿐이랍니다.)

- 영화 <어바웃 타임>

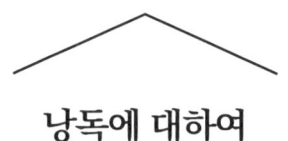

낭독에 대하여

하루 고요한 시간

　함께 원서를 읽는 온라인 북클럽에서 많은 멤버들이 낭독으로 책 읽기 인증을 한다. 그중 내가 운영하고 있는 한 모임은 책 한 권을 전체 낭독하는 게 목표다. 그러니 매일 낭독을 할 수밖에 없다. 어느 날 멤버들에게 "나에게 낭독이란?"이라는 질문을 던졌다. 편하게 의견을 공유해 달라는 의미에서 나부터 간단하게 댓글을 올렸다.

- 나: 나에게 낭독이란, 영어 공부의 시작이자 끝. 가장 오래된 즐거운 습관.

　취미가 무엇이냐는 질문을 받으면 나는 영어책 낭독이라고 답한다. 영어를 소리 내어 말하는 걸 즐긴다. 처음부터 어떤 목적을 두고 낭독을 시작했는지 기억나지 않는다. 영어 발음을 향상시키기 위해서라든가 말하기를 유창하게 하려고 낭독을 선택했을 것이다. 어쩌면 그 반대일지도 모르겠다. 영어책 낭독을 하다 보니 정확한 발음으로 유창하게 영어를 말하고 싶다는 목표가 생겼을 수도 있다. 내가 영어책을 술술 읽을 수 있는 것만큼 실생활에서 영어 말하기도 자연스럽게 할 수 있으면 얼마나 좋을까 바라기도 했다.

질문을 올리고 몇 분 지나지 않아 단톡방 멤버들의 댓글이 올라왔다. 거의 일 년 동안 이어 가고 있는 모임이어서인지, 다들 낭독에 대해 많이 생각해 왔을 터였다. 낭독의 효과와 재미를 알고 수개월째 매일 영어책을 낭독하는 것이리라.

- T 님: 나이 들어 후회하지 않기 위해.
- S 님: 새로운 도전!
- Y 님: 어제, 오늘 그리고 내일의 삶에 대한 나의 열정!
- H 님: 나에게 영어를 포기하지 않게 이끌어 가 주는 끈.

짧은 글에도 영어책 낭독에 대한 진심이 담겨 있었다. 영어 발음과 말하기, 듣기 등 영어 실력을 향상시키기 위해서라는 대답은 너무나 당연해서 생략된 걸까? 영어 실력 그 너머에 우리가 원하는 각자의 꿈과 삶의 모습이 기다리고 있는 것만 같았다.

사람마다 관심사와 수준에 따라 읽고 싶은 원서가 다를 것이다. 영어를 소리 내어 읽는 것부터 해내고 싶은 사람이 있고 텍스트를 읽기 위해서 원서를 접하는 사람도 있을 테다. 낭독하고 싶은 사람이라면 듣고 따라 하기부터 시작하라고 권하고 싶다. 지금 당장 원하는 수준의 책을 듣고 바로 따라 하기는 어려울 수 있다. 아주 오래 걸리지 않을 테니 기본으로 돌아가 처음을 제대로 시작하라.

나도 성인이 되어 낭독하며 영어를 다시 배우기 시작했다. 처음엔 그럴 듯해 보이는 원서를 유창하게 읽고 싶은 마음에《어린 왕자 The Little Prince》,《주홍 글씨 The Scarlet Letter》,《노인과 바다 The Old Man and the Sea》등 서점에서 쉽게 구할 수 있는 대중적이고 고전적인 원서를 골랐다. 그러나 내 수준보다 어려웠다. 오디오 북이 활발하게 유통되던 시기가 아니었기에 사전에서 모르는 단어의 뜻을 확인하여 적고 발음까지 하나하나 찾아 가며 읽느라 하루에 책 한 장을 넘기기도 여간한 일이 아니었다. 그동안 영어 공부를 한 시절이 몇 년인데, 손바닥 맞아 가며 외운 단어도 꽤 될 텐데 원서 한 장을 수월하게 넘기지 못하나 싶어 수없이 좌절했다. 처음으로 돌아가자고 마음먹었다. 요즘으로 치면 초등 영어 아니 유아 영어부터 다시 시작했다. 스펠링도 알고 뜻도 알지만 정확한 발음과 강세를 몰랐기 때문이다. 기초 단어와 그 단어들로 구성된 짧고 쉬운 문장을 카세트테이프의 원어민 성우 목소리를 듣고 똑같이 흉내 내어 읽었다. 눈으로만 익혀 온 쉬운 단어를 알파벳 하나하나가 만들어 내는 소리를 들으며 정확하게 발음했다.

- boy가 보이 아니고 으보이.
- girl이 걸 아니고 그어~얼.
- sky가 스카이? 스까아이.

영어는 말하고 듣고 읽고 쓰면서 소통하는 언어인데 오랫동안 시험을 준비하기 위한 과목으로써의 영어만 학습했다. 시험을 위한 영어를 졸업하고는 어린이를 위한 이야기책부터 다시 집어 들었다. 그림 아래 단 한 줄의 영어 문장이 있으며 이야기가 진행되는 동안 같은 구조의 문장이 단어만 달리하여 반복되는 수준의 그림책이었다. 원어민 성우가 녹음한 카세트테이프를 수없이 듣고 따라 읽기를 반복했다. 내 목소리와 영어 발음이 성우의 목소리와 비슷하게 들렸다. 재밌었다. 내가 외국인처럼 발음할 수 있다니! 단어의 수가 하나둘 늘어 가고 문장이 길어져도 한눈에, 한 귀에 들어오기 시작했다. 이야기책의 단계가 올라가면서 내가 읽고 말할 수 있는 문장도 늘어갔다. 오랜만에 펼쳐 본 토익 문제집의 대화문도 유창하게 읽을 수 있었다. 여행 회화책, 유용한 구문을 모아 둔 책 등을 차례로 펼쳐 연습했다. 한 문장을 수없이 따라 했다. 아마 백 번씩 반복했을 것이다. 목이 금방 쉬어서 늘 옆에는 물병을 끼고 살았다.

  독하게 독학하고 난 뒤 처음으로 원어민 강사가 있는 영어 학원에 등록했다. 그때 나는 스물다섯 살이었다. 유학이나 어학연수, 해외여행 경험이 없던 내 눈에 갈색 턱수염이 커다란 얼굴을 덮은 파란 눈의 원어민 강사는 외계인처럼 느껴질 만큼 낯설었다. 내가 카세트테이프와 텔레비전 외화에서 들었던 영어가 바로 눈앞에서 귀에 들리는 것이 신기했다. 원어민 강사가 하는 말을 완벽하게 알아들었던 건 아니었다. 발음과 말하기 연습을 하느라 문장을 듣고 외우기는 했지만 듣기(인풋)의 양이 턱없이 부족했기 때문이다. 원어민 강사의 말을 잘 이해하지 못할 때는 어학연수 경험이 있던 친구가 도움을 주었다. 하지만 그 친구의 경우 말하기 연습을 따로 하지 않아 발음이 부정확하고 자신의 의사를 영어로 표현하는 데에 서툴렀다. 그래서 친구가 원어민 강사의 말을 알아듣고 내게 전달해 주면, 내가 영어로 말했다. 굉장히 특이한 2:1 소통 방식이었다고 할까? 내가 영어로 말하면 원어민 강사가 쉽게 알아들었다. 단어를 정확하게 발음하고 문장을 수백 번씩 말한 보람이 있었다. 내 발음과 표현을 듣고 수준 있는 영어를 구사한다며 원어민 강사가 칭찬했다. 어려운 구문을 달달 외운 보람을 느꼈다.

  발음이 중요하다고 얘기하면 콧방귀를 뀌는 사람이 있다. 소통이 중요하지 발음이 뭐가 그렇게 중요하냐고 한다. 원활한 소통을 위해 발음이 중요하다. 그리고 자연스러운 억양이 중요하다. 미국 사람처럼 똑같이 발음하는 게 중요한 게 아니다. 글자와 단어가 가지고 있는 소리를 정확히 내는 게 중요하다. 규칙에 따라 소리를 내는 게 핵심이다. 입속에서 혀가 닿는 위치에 따라 입술이 부딪치고 이가 입술에 닿는 방법에 따라 소리가 달라진다. 소리의 높낮이, 잠시 멈춤이 중요하다. 소리가 만들어지는 입 모양도 소통하는 데 영향을 끼친다.

  영어를 잘하고 싶다면 내가 했던 연습법을 추천한다. Back to the Basics! 알파벳을 정확히 발음하는 것부터 시작해 보자. 단어의 강세를 익히고 문장 읽기로 확장하자. 처음에는 더듬거리며 읽을지언정 어려운 문장을 읽는 것이 재미있다면 그렇게 해도 된다. 배울 때 재미가 우선순위라는 걸 부정할 수 없으니까. 하지만 쉬운 것을 잘 해내는 경험이 반복되며 성취감을 얻기 시작한다. 내가 평소 하던 발음이 아니기에 처음엔 어색할 수 있다. 기초적인 것부터 제대로 배워야 앞으로 연습하는 데 걸릴 시간을 줄일 수 있다.

  내 입에서 만들어 내는 영어 소리가 듣기 좋아지면 영어를 읽고 공부하는 나 자신도 좋아진다. 그 시간이 좋아야 공부를 이어 갈 동기가 된다. 영어를 활용할 수 있는 범위가 확장된다. 멋져 보이는 고전 원서를 펼치고 싶은 유혹이 있겠지만 지속하기 쉬운 방법으로 시작하자. 하나의 단어, 한 줄짜리 문장부터 차곡차곡 입에 익히고 눈에 담아 가기를 권한다.

- Back to the basics -

1. 알파벳 한 자 한 자 소리 정확히 알고 발음하기
2. 단어 하나하나 발음과 강세 알고 연습하기
3. 단어 덩어리, 짧은 문장의 소리와 억양, 의미 익히기
4. 소리 쌓기
5. 의미 담기

낭독하면 집중이 잘 돼요

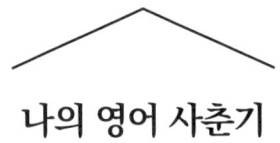

나의 영어 사춘기

앤마러

　스물여섯. 모든 걸 접고 영국으로 떠나기로 결심했다. 나의 결심에 주변 사람들은 놀라는 것 같지 않았다. 평소에 여행 다니는 것을 좋아했고, 외국으로 나갈 기회를 항상 엿보고 있던 터라 언젠가 해외로 나갈 거라고 예상했던 듯싶다. 명목은 어학연수였지만 사실 영어를 배우는 것보다 새로운 세상에서 만날 사람들에 대한 기대에 잔뜩 부풀어 있었다.
　긴 비행시간으로 피곤했지만 설레는 마음으로 히스로 공항 게이트를 빠져나왔다. 주위를 둘러봤지만, 나를 픽업해 주기로 하신 분이 보이지 않았다. 예상하지 못한 일이다. 휴대폰도 없었기 때문에 환전해 놓은 동전을 몇 개 들고 공중 전화기로 향했다. 오시기로 한 분이 2시간 후에 도착할 예정이니 기다려 달라고 하셨다. 하는 수 없이 2시간 정도 낯선 공항에 앉아서 기다렸다. 그분께서 예정보다 더 늦게 오셔서 화가 났지만 국제 미아가 안 된 것만으로도 감사하게 여기기로 하고 차에 올라탔다.

홈스테이가 예정된 집에 도착했다. 주소지를 확인하고 벨을 눌렀다. 문 안쪽에서 누구냐고 물으신다. 최대한 상냥한 말투로 이곳에 묵기로 한 사람이라고 말했다. 그러나 웬걸? 연락받은 적이 없다는 말에 날벼락을 맞은 것 같았다. 인천공항에서 헤어질 때 엄마 품에 안겨 울었던 생각이 나서 눈물이 고였지만 바짝 정신을 차려야 했다. 제발 하루만이라도 여기서 묵게 해 달라고 부탁해서 간신히 그곳에서 하룻밤을 보낼 수 있었다. 다음 날 어학원에 가서 그들의 미숙한 일 처리를 따지며 고래고래 소리를 지르고 싶었지만 영어 실력이 부족해서 그러지도 못하고 숙소를 재배정받는 것으로 마무리했다. 지금도 가끔 술자리에서 회자되는 영국에서 노숙자가 될 뻔한 에피소드이다.

인턴십을 하면서 어학연수를 하는 코스를 선택했다. 일을 하면서 여러 사람들과 만나면 더 많이 배우게 될 것이라고 기대했다. 내가 일터로 배정받은 곳은 영국 남서부에 위치한 Devon주의 Brixham이라는 작은 도시에 있는 호텔이었다. Devon은 추리 소설가 아가사 크리스티가 어린 시절을 보낸 곳으로 풍경이 아름답기로 유명했다. 하지만 지도를 검색해 보니 Brixham은 영국의 땅끝 마을이었다. 영국에 온 지 얼마 안 돼서 새로운 곳으로 떠나려니 걱정이 앞섰다.

내가 일하게 될 호텔은 바다 절벽을 낀, 꽤 분위기 있는 곳이었다. 호텔까지 들어가는 숲속의 음침한 분위기가 영화 속 한 장면 같았다. 아가사 크리스티의 소설에 등장하는 탐정 Poirot가 어딘가에서 나를 응시하고 있을 것만 같았다. 이렇게 아름다운 곳에 오다니 감탄이 절로 나왔다.

그러나 호텔 생활은 풍경만큼 평화롭거나 아름답지 않았다. 나의 처참한 반쪽 영어 덕분에 사람들과 소통하는 것이 매우 힘들었다. 영어를 제대로 알아듣지 못해서 사고를 치는 일이 잦았다. 주문을 잘못 받아서 주문한 것과 전혀 다른 음식을 손님에게 가져다주기도 하고, 영수증(Bill)을 달라는 손님에게 맥주(Beer)를 가져다주기도 했다. 동료들이나 손님들이 무례한 말이나 성희롱을 할 때도 종종 있었는데 영어로 대응할 방법을 몰라서 속으로 삭일 수밖에 없었다. 내가 저지른 실수 때문에 매니저로부터 지적을 받은 날에는 숙소로 돌아와서 이불 덮고 엉엉 울기도 했다. 그렇게 두 달간의 호텔 인턴십은 내 영어가 많이 부족하다는 것을 몸으로 체감한 시간이었다. 그렇게 영어에 KO패를 당하고 어학원으로 다시 돌아왔다.

인턴십 내내 부진했던 영어를 그대로 둘 수만은 없었다. 고민 끝에 두 가지 방법으로 영어 실력을 높여 보기로 마음먹었다.

첫 번째는 신문 읽기이다. 어학원에서 수업을 마치고 나서 딱히 할 일이 없어서 친구와 함께 도서관에 가서 문 닫을 때까지 영어를 공부하다가 돌아왔다. 처음에는 원서를 읽고 싶어서 책을 하나 골라서 펼쳐 봤지만, 모르는 단어가 너무 많아 내용을 따라갈 수가 없어서 몇 페이지 만에 책을 덮었다. 원서를 읽기에 나의 영어 실력이 부족해서 포기하고 영어책 대신에 영어 신문을 선택했다.

나의 수준과 흥미를 고려해서 선택한 것이 일간지 《The Sun》이었다. 연예인들 가십이나 기이한 사건 관련 기사가 대부분이었지만, 내용이 길지 않고, 범죄 소설을 읽는 것 같은 재미가 있어서 나의 코드와 잘 맞았다. 게다가 신문은 도서관에 늘 비치되어 있어서 구하기 쉬웠고, 매일 새로운 기사를 접하니 지루하지도 않았다. 그렇게 몇 달 동안 매일매일 하루도 빠짐없이 신문을 읽었다. 신문 읽기는 여러 면에서 나에게 도움이 되었다. 먼저 신문에 나온 기사를 꾸준히 읽은 덕분에 사람들과의 대화 소재가 많아졌다. 처음 만나서 서먹한 사람과도 신문에 나온 흥미로운 기사를 언급하면서 대화의 물꼬를 틀 수가 있었다. 신문을 읽기 시작한 지 두세 달이 되니 자연스럽게 소설에도 흥미가 생겼다. 신문 기사를 읽으면서 다져진 근육으로 조심스럽게 원서에도 손을 뻗었다. 그때 내가 고른 책은 《다빈치 코드$_{\text{The Da Vinci Code}}$》였다. 나에게는 어렵고 두꺼운 책이었지만 흥미진진한 추리 소설에 빠져서 생각보다 재미있었다. 그 책은 '나도 영어책을 읽을 수 있다'는 자신감에 씨앗을 심어 준 첫 책이다.

내가 시도한 두 번째 방법은 TV 보기이다. 처음부터 TV 드라마나 영화를 보고 싶었지만, 말하는 속도도 너무 빠르고, 모르는 표현들이 너무 많았다. 그러던 어느 날 홈스테이 주인의 여섯 살 손자가 만화를 보면서 깔깔거리며 웃고 있길래 도대체 뭐가 그렇게 재미있나 싶어서 아이와 놀아 주면서 함께 시청했다. 그때 그 아이가 즐겨 보던 만화 제목은 〈페파 피그$_{\text{Peppa Pig}}$〉와 〈벤 앤 홀리$_{\text{Ben and Holly}}$〉였다. 아이들 수준의 영어라서 내가 알아듣기 쉬웠고, 속도도 듣기에 적당하고, 유치하지만 그래도 재미있었다. 내용이 이해가 안 돼서 꼬마에게 슬쩍 물어보면 유창하게 영어로 대답해 줬다.

그러면서 TV에서 무료로 상영해 주는 영화에도 관심이 생겼다. 영화를 볼 때는 자막을 켜고 보기 시작했다. 자막 없이 볼 때는 영어가 잘 들리지 않았는데, 자막이 있으면 시각과 청각을 동시에 사용해서 훨씬 이해가 빨라졌다. 모르는 단어나 표현도 찾아볼 수 있어서 좋았다. 하지만 자막에 너무 집중하면 중요한 영상을 놓치거나 눈이 쉽게 피로해지는 단점도 있었다.

뉴스는 정말 넘기 힘든 벽이었다. 어려운 단어들이 대부분이고, 말하는 속도도 초고속이다. 처음에는 무슨 말인지 전혀 들리지 않았고, 알아듣는 사람이 있다는 게 신기할 정도였다. 하지만 일간지를 꾸준히 읽은 덕분에 가끔 신문에서 접한 내용이 뉴스에서 나오면 신기하게 나한테도 들렸다. '아는 만큼 들린다는 것이 이거였구나!' 싶었다. 그동안 읽었던 일간 신문은 내용이 깊이는 없었지만 나름 유용하다고 생각했다.

나의 전방위 영어 공부로 영어가 조금 늘기는 했지만 여전히 미숙했고, 외국에 나가면 자연스럽게 영어가 늘 것이라는 나의 기대는 착각이었음을 깨달았다.

화려한 외국 생활을 꿈꾸며 시작한 영국 생활은 영어 때문에 순탄치 않았다. '영어야, 네가 이기나 내가 이기나 해보자' 싶은 마음에 열심히 공부하며 방어도 해 봤지만 영어는 나에게 결코 만만한 상대가 아니었다.

- 앤마리의 생존 영어 회화 팁! -

1. TV 드라마나 영화 속 대사 따라 해 보기

자신이 즐겨 보는 드라마나 영화 속 대사를 따라 해 보자. 10분 이내의 짧은 클립을 정한다. 그 장면의 대사를 익힌 후, 같은 장면을 반복해서 보면서 대사를 따라 한다. 익숙해지면 다른 장면을 정해서 또 반복한다. 영화나 드라마를 좋아한다면 이 방법으로 즐겁게 회화 공부를 할 수 있다.

2. 매일 밤 영어 일기 녹음하기

오늘 한 일, 잠시 스쳐 갔던 생각들을 하나씩 끄집어내면서 영어로 일기를 녹음한다. 나의 이야기를 영어로 표현해 보는 것은 자연스럽게 영어로 생각하는 습관을 길러 준다. 그리고 녹음한 것을 들으면서 어색한 표현이나 발음도 스스로 수정할 수 있다.

3. 말을 잘하려면 열심히 듣기

영어가 서툴다면 열심히 들어라. 나의 인풋이 아웃풋을 좌우한다. 상대방을 경청하며 듣는 것은 내 안에 대화를 위한 충분한 데이터를 쌓고 있다는 의미이다.

(2장)

Book
어려워도 읽게 되는
치명적 매력

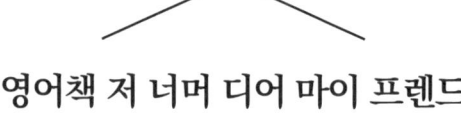

영어책 저 너머 디어 마이 프렌드

쏘피쌤

똑똑. 그녀의 집 문이 굳게 닫혀 있다. Knock! Knock! 이번엔 그녀가 우리 집 문을 두드린다. 딸깍. 드디어 문이 열렸다. 내가 그녀의 세계로, 그녀가 나의 세상으로 들어온다. 우리는 한참 알았던 친구보다 더 정답고 애틋하다. 뉴욕을 떠나 이탈리아, 인도, 인도네시아까지. 그녀의 여행 이야기를 들으며 나는 어느새 발리 해변에 앉아 있다.

엘리자베스 길버트의 에세이 《먹고 기도하고 사랑하라 Eat Pray Love》를 30대에 한 번, 40대에 한 번 이렇게 두 번 읽었다. 주인공 리즈는 겉보기에는 안정되고 화려한 삶을 살고 있다. 하지만 실상은 자기 회의감과 결혼 생활에 대해 확신이 부족해 우울증에 시달리기까지 한다. 결국, 모든 것을 두고 떠나기로 결심한다. 그렇게 1년 동안 여러 나라를 여행하며 진정한 자아를 찾아간다는 줄거리다.

처음 책을 읽었을 때는 비슷한 연배의 고민을 나누는 그녀에게 공감이 커서 열렬히 응원했다. 나를 찾아 낯선 곳으로 떠나는 여행이 간절했던 때였다. 하지만 현실은 녹록지 않으니 대리 일탈에 만족해야 했다. 10년이 훌쩍 지나 다시 만난 친구는 전과는 달리 보였다. 리즈가 조금은 철이 없어 보였다. 나도 어느새 꼰대가 된 걸까?

오랫동안 영어책을 읽으며 많은 친구를 만나 위로를 주고받았다. 책이라는 걸 제대로 읽기 시작한 건 서른이 넘어서다. 그전에는 책 읽는 데 관심이 없었다. 10대와 20대를 채워 준 영화는 많이 있었지만, 인상에 남는 책은 없었다. 어릴 적 집에 있던 책이라곤 빛바래고 두꺼운 고전 몇 권이 다였다. 20대에 읽은 책이 전공서 빼고 스무 권은 됐을까. 그만큼 책과는 거리가 멀었다. 아이러니하게도 그런 책 읽기 문외한에게 책 읽는 재미를 느끼게 해 준 건 영어책이었다.

《행복한 이기주의자 Your Erroneous Zones》와의 만남은 필연 같았다. 번역서를 먼저 읽었다. 워낙 책 읽기를 안 했기에 책을 통해 감동을 얻은 게 정말 오랜만이었다. 작가의 실제 목소리가 듣고 싶어서 무작정 원서를 구매했다. 영어 독해 실력이 뛰어나지는 않았지만 공부하려고 원서를 읽는 게 아니라는 여유가 있었다. 읽다가 막히면 바로바로 번역서를 찾아보았다. 그때부터였다. "나도 원서를 읽을 수 있다."라는 확신이 들었다. 그동안의 막연함이 '도전'으로 바뀌었다. 그 이후로 10년 넘게 꾸준히 원서를 읽고 있다.

원서를 읽는 가장 큰 이유는 영어를 써먹는 성취감이 크기 때문이다. 그 느낌을 어떻게 설명해야 할까? 혼자서 처음으로 두발자전거를 탔을 때, 운전면허를 딴 후 첫 드라이브를 나갔을 때, 적금 만기가 돼서 처음으로 해외여행을 떠날 때 느꼈던 희열이랄까? 학창 시절에 배웠던 단어들로 외국에서 현지인과 소통했을 때의 기쁨은 지금도 생생하다.

영어책에서 만나는 등장인물의 말은 단순히 종이 위 글씨가 아니다. 그들의 메시지를 의식적으로 번역하다 보면 직접 소통하는 느낌이다. 논픽션이든 소설이든 친구를 만날 수 있다. 영어권에서는 어린아이도 할아버지도 다 You, 모두가 평등하니까. 영어로 말할 때는 다른 사람이 된다. 더욱 자유롭고 대범해진다고 할까. 책에서 만난 친구들에게도 격의 없이 성큼성큼 다가간다.

내 인생 최고의 책을 꼽자면 《밀레니엄: 여자를 증오한 남자들 The Girl with the Dragon Tattoo》이다. 각각 600쪽이 넘는 3권의 시리즈를 한 달 동안 밤을 새우며 읽었다. 살면서 그렇게 푹 빠져서 책을 읽었던 적은 그때가 처음이었다. 잔인한 스릴러 영화는 질색하는 내가 주인공 리스베트의 복수에 환호했다. 가냘프고 힘없는 여자지만 자신을 짓밟고 능멸했던 남자들을 처절하게 응징했던, 용 문신을 한 소녀 리스베트! 지금도 가끔 그녀가 보고 싶다.

《먹고 기도하고 사랑하라 Eat Pray Love》에서 이탈리아를 여행하는 동안 발음이 예쁘다는 이유로 주인공 리즈가 자주 말했던 단어 'Attraversiamo', 영어로는 "Let's cross over. (함께 건너가자.)"이다. 그녀가 되뇌던 말을 지금 당신에게 건네고 싶다.

- 함께 건너가자! 영어책을 읽으며 저 너머로 건너가 또 다른 친구들을 만나자! Attraversiamo!

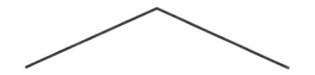

난이도를 극복하게 만드는 스토리의 힘

토니

원서를 꾸준히 읽기 위해 나는 세 가지 장치를 마련했다. 영어 실력에 상관없이 흥미를 돋우는 스토리가 담긴 책, 원서를 쉽게 읽도록 도와주는 이북리더기, 책을 매일 읽도록 강제성을 부여하는 북클럽 활동, 이 3가지 장치가 착착 맞물려 돌아가는 동안 원서 읽기는 계속된다. 한 달에 1~3권의 책을 읽는다. 한국어 책 읽는 속도와 비교하면 진도가 무척 더디고 책 한 권을 읽는 게 여간 수고스러운 게 아니다. 그래도 최적화된 장치 덕에 등 떠밀리듯 책장을 넘기다 보면 완독에 다다른다.

그렇다고 모든 책을 완독하는 것은 아니다. 완독이라는 목표 설정과 완독 누적 횟수가 동기부여와 성취감을 주지만 때로는 목표가 과정의 즐거움을 앗아 가기도 한다. 그래서 책을 읽는 과정이 고역일 경우에는 완독을 포기하고 다른 책을 읽는다. 원서의 종류를 흥미와 영어 난이도에 따라 4가지로 분류해 보았다.

- 원서의 종류 -

1. 소재가 흥미로우면서 난이도가 쉬운 책
최적의 조건이다. 진도가 막힘없이 술술 나가기 때문에 이야기에 제대로 몰입할 수 있다. 남아프리카 실제 성장기를 바탕으로 트레버 노아가 쓴 《태어난 게 범죄$_{\text{Born a Crime}}$》, 유명한 고전으로 사랑받는 《호밀밭의 파수꾼$_{\text{The Catcher in the Rye}}$》, 레이먼드 카버의 단편집 《대성당$_{\text{Cathedral}}$》을 예로 들 수 있다. 이 세 권의 책은 분위기가 완전히 다르지만 문장이 복잡하지 않고 스토리가 흥미롭다는 공통점이 있다. 내가 단숨에 빠져든 책들이다.

자기 계발이나 인문 분야에서도 어려움 없이 읽을 수 있는 책이 많다. 《미움받을 용기》의 영어 번역서 《The Courage to Be Disliked》, 데일 카네기의 《인간관계론$_{\text{How To Win Friends \& Influence People}}$》, 모건 하우절의 《돈의 심리학$_{\text{The Psychology of Money}}$》, 제임스 클리어의 《아주 작은 습관의 힘$_{\text{Atomic Habits}}$》을 예로 들 수 있다. 실용적인 삶의 지침을 담고 있어서 여러 번 읽은 책들이다.

2. 소재가 흥미롭지만 난이도가 어려운 책
이 경우에는 머리가 아주 복잡해진다. 스토리가 흥미진진하여 완벽하게 이해하고 싶지만 난이도가 길을 막는다. 그래도 어떻게든 완독하고 만다. 책을 두 번 읽든 번역서를 활용하든 무조건 읽는다. 스토리가 강렬하다면 어떤 고역도 극복할 수 있다는 자세로 임한다.

줄리언 반스의 《예감은 틀리지 않는다$_{\text{The Sense of an Ending}}$》 같은 경우에는 연달아 두 번 읽고 영화로도 감상했다. 원서에 막 발을 들여 놓은 초보자였던지라 책이 무척 어려웠지만 포기할 수 없었다. 번역서였다면 한 번 읽고 끝냈을 책을 한 달 동안 꼼꼼하게 파헤쳤다. 올더스 헉슬리의 《멋진 신세계Brave New World》는 원서와 번역서를 동시에 읽어 나간 경우이다. 번역서로 읽어도 이해하기 어려운 책이었지만 아주 흥미로웠다.

3. 소재는 흥미롭지 않은데 난이도가 쉬운 책
재미는 덜하지만 완독이 쉽다. 책 편식에서 벗어날 기회로 삼을 수 있다. 메리 앤 섀퍼의 《건지 감자껍질파이 북클럽The Guernsey Literary and Potato Peel Pie Society》과 최근 읽었던 보니 가머스의 《레슨 인 케미스트리 Lessons in Chemistry》는 내 취향과 맞지 않았다. 명랑하고 당찬 여자 주인공에게 내가 그다지 끌리지 않기 때문이다.

4. 소재도 흥미롭지 않은데 난이도마저 어려운 책
시간과 에너지 낭비를 하지 않으려고 일찌감치 완독을 포기한다. 토마스 포스터의 《교수처럼 문학 읽기How To Read Literature Like a Professor》가 그랬다. 문학적 소양이 부족해서 책을 소화하는 게 무리였고 책 내용도 흥미롭지 않았다. 스터디 모임과 함께 읽던 책이라 중도 하차하기가 미안했지만 어쩔 수 없이 책 읽기를 포기했다.

나는 난이도보다 소재와 주제에 중점을 두고 책을 고른다. 달콤하고 발랄한 소설보다는 삶의 취약성을 다룬 소설에 끌린다. 미사여구로 꾸며진 문체보다 간결하고 직설적인 문체를 선호한다. 논픽션의 경우에는 온갖 사례를 근거로 제시하며 독자를 설득하려는 책이 아니라 진정성 있는 자기 경험과 철학을 담아낸 책을 선호한다.

  취향을 잘 안다고 할지라도 책 선정이 쉽지는 않다. 북클럽에서 이달의 책 목록이 올라올 때 책에 대해 조사하고 심사숙고하여 신청하지만 그렇게 고른 책이 나의 기대와 어긋날 때가 종종 있다. 수많은 독자의 호평을 받았어도 호감이 가지 않을 수 있다. 이럴 때 아마존 웹사이트의 미리 읽기 기능을 활용해 보자. 책 일부를 미리 읽어 보면서 내 취향에 맞는지, 문체나 영어 난이도가 어떠한지 가늠할 수 있다.

  원서 읽기 앞에는 '책'과 '영어'라는 장벽이 있다. 둘 다 익숙하지 않은 상태라면 그 장벽이 너무 높아서 도저히 넘어갈 엄두가 나지 않을 것이다. 그러나 그 장벽을 기어코 넘는 사람들이 있다. 이들 중 영어 공부를 목적으로 원서를 읽기 시작했다가 독서의 매력에 푹 빠진 사람들이 있다. 원서를 읽다가 자신이 좋아하는 스토리를 저절로 발견하는 경우이다. 이처럼 책이라는 장벽은 몇 번의 시도 끝에 쉽게 뛰어넘을 수 있다. 그러나 영어라는 장벽은 쉽게 넘어갈 수 없다. 시간과의 싸움이다. 시중의 이런저런 공부법들을 따라 해 보는 수밖에 없다. 실패를 거듭하며 자신에게 맞는 방법을 찾아내야 한다.

  원서를 읽기 전에 기본적으로 문법 공부를 하면 좋다. 나도 중학교 문법 과정까지만 공부했다. 자신의 수준이 초보인 것 같다면 중학생 교재를 1단계부터 차근차근 공부해 보면 어떨까? 물론 원서를 읽으면서 문장의 구조를 직관적으로 습득할 수도 있다. 그러나 나처럼 원칙을 먼저 숙지한 후 실전에 대입하는 공부법을 선호한다면 문법을 먼저 익히는 게 도움이 된다. 기본적인 문법을 이해하려면 시간이 걸리지만 이를 통해 문장 구조가 눈에 익으면서 원서 읽기가 수월해진다.

  원서 읽기는 두 개의 장벽을 넘어야 할 만큼 힘든 도전이다. 그래서 성취감도 두 배다. 책을 읽었다는 만족감, 더군다나 그 책을 원서로 읽었다니 감개무량하다. 외국인과 영어로 첫 대화를 나누었을 때처럼 신기하고 짜릿하다. 그러니 당신도 일단 도전해 보기 바란다. 장벽 위로 한 뼘 오르다 굴러떨어졌다면 또 다른 방법으로 시도해 보면 된다. 스토리의 강력한 힘을 믿고 원서 읽기에 계속 도전해 보자. 언젠가는 당신도 스토리에 이끌려 원서에 심취할 날을 만날 것이다.

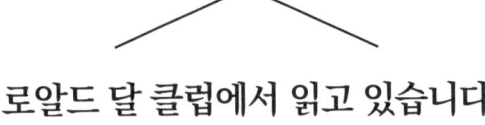

로알드 달 클럽에서 읽고 있습니다

너란아이

    클럽은 '공통된 목적을 가진 사람들이 조직한 단체'를 의미한다. 로알드 달 클럽은 작가 로알드 달의 책을 함께 읽고 나누는 모임이다. 2023년 5월부터 시작해서 벌써 5권째 읽고 있다.

    처음은 《마틸다Matilda》였다. 한국어 책으로 여러 번 읽기도 했고 워낙 유명한 책이라 무조건 선택했다. 《원더Wonder》라는 책을 생각해 두고 있었는데 어쩌다 보니 《마틸다Matilda》에게 마음이 더 기울었다. 마틸다는 책을 엄청 좋아하는 천재 소녀다. 마틸다의 부모님은 그런 마틸다가 못마땅하다. 그녀의 일상은 하니 선생님을 만나면서 바뀐다. 마틸다가 숨겨진 능력을 찾아 부당한 세상을 향해 통쾌하게 복수를 한다는 내용을 담고 있는 책이다.

    두 번째는 《제임스와 거대한 복숭아James and the Giant Peach》라는 책이었다. 《마틸다Matilda》보다는 생소해서 신청하는 사람이 별로 없었다.

하지만 쉬운 단어와 흥미로운 주제로 사랑을 받았던 책이다. 갑작스럽게 부모를 잃은 제임스는 못된 두 고모에게 입양된다. 어느 날 낯선 할아버지로부터 신비한 알약 봉지를 받는데 그 속에 있던 복숭아 하나가 거대한 복숭아가 된다. 제임스가 복숭아 안에 들어 있는 곤충들을 만나 모험을 즐긴다는 이야기다. 로알드 달의 동화는 5개 챕터에 나오는 단어들이 마지막까지 중복된다. 첫 다섯 챕터만 잘 넘기면 뒷이야기를 이해하는 것은 어려운 일이 아니다. 그래서 로알드 달의 작품을 읽으려는 사람들이 처음 택했으면 하는 책이다.

세 번째는 《찰리와 초콜릿 공장 Charlie and the Chocolate Factory》이었다. 영화로도 유명하여 많은 사람들이 제목만 보고 신청했다. 그러나 생각보다 단어가 어려워 만만하지 않은 책이었다. 처음 들어오신 분들은 로알드 달 시리즈가 이렇게 다 어렵냐며 놀라기도 했다. 하지만 시작하기 전에 단어를 정리한다면 충분히 즐겁게 읽을 수 있다. 야간 낭독으로 여러 번 읽으시는 분도 많았다. 찰리는 작고 허름한 집에서 부모님, 조부모님과 함께 산다. 집이 가난하여 초콜릿 하나 먹는 것도 어려운 형편이었는데 세상에서 가장 큰 초콜릿 공장의 주인 윙카가 놀라운 소식을 발표한다. 황금빛 초대장을 찾은 어린이들을 초콜릿 공장에 초대하고 평생 먹고도 남을 만큼의 초콜릿과 사탕을 준다는 것이다. 기적적으로 마지막 황금빛 초대장을 얻은 찰리는 초콜릿 공장을 견학한다. 초콜릿이라는 단어만으로도 뇌와 마음을 녹여 줄 최고의 작품이다.

네 번째는 《우리의 챔피언 대니Danny the Champion of the World》였다. 30명이라는 멤버가 참여한 책이다. 네 권쯤 읽으니 로알드 달이라는 작가에 대한 믿음이 생겼고 어려운 단어들이 있는 책들을 다 넘긴 터라 대니를 만나는 것이 익숙했다. 생소한 단어들이 앞부분에 줄지어 나왔지만 챕터 5까지만 넘어간다면 서사를 파악하는 데는 큰 어려움이 없었다. 대니는 엄마를 여의고 아빠와 둘이 산다. 어느 날 밀렵을 나간 아빠가 돌아오지 않자 아빠를 찾으러 길을 나선다. 꿩을 죽이지 않고 잡는 방법과 못된 부자를 골탕 먹이는 방법을 유려한 상상력으로 풀어냈다. 대니와 아빠가 나누는 달콤한 대화들은 일상에서 써도 되는 예쁜 문장들로 구성돼 있다.

지금은 읽고 있는 책은 《마녀를 잡아라The Witches》라는 책이다. '할머니가 마녀가 아닐까?'라는 추측들이 오갔다. 10월에는 핼러윈이 있는 달이라 그런지 마녀 이야기가 잘 어울린다. 아직 다 읽지 않아서 앞으로 어떤 이야기가 펼쳐질지 모르지만 벌써부터 궁금하다.

로알드 달 동화는 처음 읽었을 때 당황스러울 정도로 허무맹랑하다. 하지만 그가 살았던 시대적 배경을 이해한다면 '아, 그랬구나'가 된다. 잊어버렸던 기억을 만나게 해 주는 보물 같은 작품들이다. 로알드 달 클럽은 한밤중에도 꺼질 줄 모른다. 그가 남겨 준 보물이라도 찾는 듯 말이다.

세상에 엄마표 영어가 어딨어?

하루 고요 한 시간

- 엄마, 나도 한번 해 볼래. 엄마처럼 영어책 낭독하는 거!

 아이가 스스로 이렇게 말했는지 아니면 내가 무슨 미끼를 먼저 던졌는지 잘 기억나지 않는다. 내가 참여한 북클럽에는 아동·청소년 문학 모임이 있다. 아동과 청소년 독자를 위해 쓰인 책을 읽는 모임으로 연령에 상관없이 원서를 막 읽기 시작한 사람들이 함께 모여 한 달에 한 권 책을 읽는다. 원서 읽기 초보는 아니지만 평소 아동·청소년 문학 장르를 즐겨 읽는 사람들과 나처럼 영어 교육에 종사하는 사람들이 모여 있다. 매일 영어책을 낭독하는 나를 보고 호기심이 생겼는지 어느 날 아이가 영어책을 낭독해 보고 싶다고 말했다.

 2021년 9월, 아동·청소년 문학 모임의 리더를 맡아 달라는 부탁을 받았다. 아동·청소년 문학을 선호하여 학생들과 꾸준히 읽어 오던 터라 거절할 이유가 없었다. 영어책을 읽는 게 좋아서 자발적으로 모인 성인들과 함께 읽는다고 생각하니 반가웠다. 꽤 오랜 시간 동안 원서 읽기를 할 수 있었던 이유 중 하나가 쉬우면서도 소소한 재미와 감동이 있는 아동·청소년 문학 책을 읽었기 때문인데 그 경험을 나눌 수 있다고 생각하니 설렜다.

내가 선정한 책은 《마빈 레드포스트Marvin Redpost》 시리즈 중 《Kidnapped at Birth?》였다. AR레벨 2~3점대의 책으로 미국 초등학교 저학년이 읽는다. 어린 학생과도 함께 읽었고 영어 공부를 늦게 시작했지만 성실한 중학생과도 읽으며 학생의 영어 실력 향상에 효과를 본 책이다. 나는 성인이 되고 알게 되어 읽었는데 충분히 재밌었다. 영어 수준과 효과, 재미 면에서 모두 만족스러웠지만 한편으로는 우려가 되었다. 아동용 책부터 읽어 보라고 추천하면 유치하고 흥미가 붙지 않는다는 이유로 꺼려 하는 사람들을 종종 만나봤기 때문이다.

나도 처음에는 아동용 책이 내 수준에 맞지 않고 재미가 없을 것이라는 선입견이 있었다. 그래서 서점에 가면 《위대한 개츠비The Great Gatsby》, 《어린 왕자The Little Prince》, 《주홍 글씨The Scarlet Letter》와 같은 원서를 골라 오곤 했다. 영어 공부를 꽤 하고 난 뒤라서 외국인들과 소통하며 일하는 데 큰 어려움이 없을 정도의 영어 수준이었다. 문학소녀로서 어릴 때부터 책 읽기를 꾸준히 해 왔기에 원서도 쉽게 읽어 나갈 수 있을 줄 알았다. 그랬는데도 책을 몇 장 넘기지 못했다. 기초부터 차근차근 영어책을 읽어 보기로 마음먹었다. 《매직 트리 하우스Magic Tree House》, 《마빈 레드포스트Marvin Redpost》와 같은 챕터북 시리즈를 한 권씩 읽어 나가면서 원서를 읽는 데 재미를 붙이고 속도가 빨라졌다.

  챕터북부터 뉴베리상 수상작까지. 내가 읽어 본 책을 소개했다. 학습서 대신 원서 한 권을 교재로 선정하여 학생들과 함께 읽기도 했다. 영문법과 단어 시험은 미뤄 두고 책을 읽고 이야기를 나눴다. 《사라, 플레인 앤 톨 Sarah, Plain and Tall》을 읽고 주인공들에게 편지를 썼다. 주인공들이 살게 된 집을 상상하며 그림을 그렸다. 떠나온 바닷가 마을 Maine을 그리워하는 사라를 생각하며 미국 지도를 살펴보기도 했다. 지방의 영어 학원 상위 반임에도 원서를 읽는 아이들이 많지 않았던 때였다. 나와의 '책 수업'이 가장 기억에 남는 수업이었다고 회상한 학생들도 있었다.

  쉬우면서도 아름다운 이야기가 담겨서 독자에게 재미와 감동을 준다면 어른도 아동용 책을 읽을 수 있다. 열린 마음으로 다가가자. 누구나 한때는 어린이였다. 등장인물이 처한 상황은 나 혹은 내 친구가 경험했던 것일 수 있다. 내 아이나 주변에서 보는 아이들의 모습을 책에서 찾을 수 있다. 누구의 경험과도 맞닿을 만한 책이면 된다는 믿음으로 선정 도서를 공지했다. 정원은 마감되었다. 스무 명 중 두세 명은 어린이였다. 그중 한 명이 바로 나의 아들이었다.

  매일 밤 우리는 일과를 마치면 누가 먼저랄 것도 없이 "낭독하자!"라고 외쳤다. 설거지를 하다가도 아이가 낭독하자고 하면 서둘러서 아이가 엎드려 책을 보는 침대로 갔다. 둘이 나란히 엎드려 책을 읽었다. 아이는 2점대 챕터북을 읽을 수준은 아니었다. 학교 영어 수업을 성실하게 듣는지라 '나는 영어를 잘한다'고 생각하는 4학년에게 영어 챕터북은 결코 쉽지 않았다.

그 당시 나는 코로나와 둘째 육아가 겹치면서 산후 우울증을 의심할 정도로 힘든 시기를 보냈다. 첫째의 공부를 봐주기 힘들었다. 영어를 가르치는 일에 자부심이 있던 내가 아이의 영어를 봐주지 않는 데에는 전쟁 같은 시간을 겪고 난 후유증 때문이랄까? 아이에게 영어를 가르치겠다고 무리수를 두었던 전적이 있다. 서로 상처만 주고받다가 그만두었다. 영어 교육 전문가로서 자존심에 상처를 받았다. 아이와의 관계까지 망친 것만 같아 자존감이 무너져 내렸다.

그랬는데도 엄마랑 같이 낭독을 하고 싶다고? 감개무량했다. 책을 펴고 기다리고 있는 아이 앞에서 휴대폰 음성 녹음 기능을 켰다. 내가 한 문장을 읽어 주면 아이가 따라 읽었다. 하루 5분 정도 낭독하고 북클럽에 인증하기를 20회 반복했다. 5분을 채우기 위해 우리는 얼마나 긴 시간 엎드려 낭독하고 눈물 흘리기를 반복했던가.

아이에게 영어를 가르치는 방식은 십수 년 동안 다양한 수준과 연령대의 학생들을 가르치며 적용한 방식이 아니었다. 그동안 읽고 본 수많은 엄마표 영어책에서 말한 것도 아니었다. 학생들을 대할 때의 친절함이나 다정함을 보이지도 못했다. 그저 침대에 엎드려서 책을 펴거나 저녁 식사가 늦어져 앉아 있던 식탁에서 그대로 같이 책을 읽었다.

아이는 첫 도전에서 하루 5분 낭독, 20회 인증하는 미션에 성공했다. 이벤트를 열어 인증을 독려하니 잘 따라왔다. 인증을 완료한 사람에게는 참가비 2만 원 중 1만 원을 돌려주는데 어린이 참여자에게는 편의점 상품권을 증정했다. 아이가 그 상품권을 받게 된 것이다. 땅을 파도 안 나오는 1만 원을 자기 노력으로 얻으니 그렇게 신날 수가 없다고 했다. 스스로 도전하여 얻은 대가이니 얼마나 값지겠는가. 엄마가 오랜만에 자신한테 집중하는 그 시간이 얼마나 좋았을까. 얼마나 달콤했을까. 얼마나 그리웠을까.

  모든 날들이 쉽지만은 않았다. 아이는 첫 도전이었기에 뜻대로 되지 않았을 것이다. 나는 아이의 실력이 내 성에 차지 않아 아쉬워했다. 최대한 감정을 숨기려고 해도 어떻게든 삐져나와서 나도 모르게 아이에게 상처를 준 적이 많았을 것이다. 첫 미션 완료 이후 아이는 자기가 읽을 만한 수준의 북클럽에 계속 참여하고 있다. 아이는 어제 모르던 것을 오늘은 알면서 몇 권씩 책을 떼더니 예전에는 끙끙대고 어려워하던 걸 이제는 술술 읽는다. 실력이 쌓이는 만큼 미션에 참여하거나 완료하여 받은 기프티콘과 상품권도 선물함에 쌓여 간다. 아이는 마음씨 좋게, 그러면서도 잔고를 알뜰살뜰하게 살펴 가며 탕진잼을 누린다.

- 오빠가 바나나 우유 사 줄까?
- 엄마, 오늘 우리 편의점 가서 간식 먹을까요? 내가 쏜다!

  아동·청소년 문학 클럽은 어른과 어린이의 비율이 반반일 정도로 어린이 참여자가 늘었다. 내 아이는 단골 참여자다. 아이가 읽는 책이 바뀜에 따라 단어는 어려워지고 문장은 점점 길어진다. 은근하게 글밥이 늘어난 책을 불평 없이 읽어 가는 것만으로 대견하다. 책 속의 문장을 해석시켜 본 적은 없다. 선생님 노릇은 그만두었기 때문이다. 아이가 이야기의 흐름을 알고 즐기고 있다고 믿는다. 그거

Book_어려워도 읽게 되는 치명적 매력

면 충분하다. 내 아이는 다를 거라고 높은 기대치를 안고 아이를 바라봤었다. 아이들을 키우며 자존감이 휘청일 만큼 상처를 입기도 했다. 잣대를 내려놓으니 우뚝 선 아이가 보인다.

  엄마표 영어란 무엇일까? 과오를 연발한 엄마표 영어를 내려놓고 나니 '내 아이의 엄마표 영어'가 보인다. 나와 아이가 함께 채워 가는 시간, 우리의 고유한 무늬가 그려지는 시간이 '우리 집 엄마표 영어'다. 아이가 노력하여 받은 기프티콘으로 내게 달콤한 커피를 사 준다. '내 아이의 엄마표 영어'에만 있는 특별함이다.

완독의 반대말은?

쏘피쌤

머릿속에 벌레가 기어다니는 것 같다. 자꾸 화가 치민다. 30분 전, 카페에 들어와 커피와 예쁜 케이크, 책을 세팅하고 인증 사진을 찍을 때까지만 해도 기분이 좋았다. 긴 머리를 늘어뜨리고 귀에 하얀 꽃을 꽂은 커버 속 여인은 참 예뻤다. 그런데 그녀가 나를 이렇게 힘들게 할 줄이야.

북클럽을 이끈 지도 1년이 지날 때 즈음이었다. 리더로서 내세울 수 있는 건 선정 도서를 완독한다는 자부심이었다. 표지가 마음에 들었던 이 책이 나의 완독 챌린지 발목을 잡을 줄 몰랐다. 그동안 마음에 안 들어도 억지로 읽은 책은 많았다. 그런데 그 '억지로'가 쌓여서 탈이 났던 걸까? 책을 읽는 동안 속이 뒤집힐 것 같았다. 이 여자, 저 여자랑 연애하고 다니는 남자 주인공 때문이었을까? 노벨 문학상까지 탄 작가의 책을 감히 별로라고 비판하기도 쉽지 않았다.

'까만 건 글씨요, 하얀 건 종이'라는 표현이 있다. 책을 읽다 새까

맣게 탄 속에 하얀 글씨들이 떠다녔다. 부글거리는 속을 참으며 꾸역꾸역 읽다 보니 이게 뭐 하는 짓인가 싶었다. 그래! 나는 '책을 읽지 않을 권리'를 행사하기로 했다. 2주 동안 나를 괴롭혔던 《콜레라 시대의 사랑 Love in the Time Of Cholera》을 덮었다. 리더라서 모든 책을 다 읽어야 한다는 굴레를 벗어던지고 나니 홀가분하다 못해 통쾌했다.

  우리는 책을 왜 읽는 것일까? 남에게 보여 주기 위해서는 아닐 것이다. 책을 끝까지 다 읽는 것만이 정답일까? 손에 집어 든 모든 책을 다 좋아할 수도, 좋아할 필요도 없다. 그렇다면 끝까지 읽을 필요도 없다. 유독 영어책은 읽다가 접으면 마음이 찜찜하다. 도전에 실패한 기분이 든다고 할까?

  10년 넘게 원서를 읽었다고 하면 다들 책을 술술 잘 읽을 것 같다고 생각한다. 하지만 글을 쓰는 지금도 알랭 드 보통의 《왜 나는 너를 사랑하는가 Essays In Love》를 읽을 때 하양과 깜장만 있는 방에 갇혔던 기분이 떠오른다. '사랑'이라는 보편적 주제를 작가 특유의 철학적 관점으로 풀어서 그런지 어려웠다. 몇 년 전에 번역서로도 읽었는데 왜 이렇게 해석이 안 될까?

  헨리 데이비드 소로가 쓴 《월든 Walden》은 번역서로도 꽤 어렵다는 평이 자자했다. 그래도 책 좀 읽었다는 사람들 사이에서 최고로 일컬어지는 책이라 기대를 품고 첫 장을 넘겼다. 100년도 훨씬 전에 쓰인 책이라 어휘부터가 만만치 않았다. 원서로만 읽겠다는 객기는 내려놓고 번역서를 같이 집어 들었다. 한 챕터씩 원서와 번역서를 번갈아 가면서 읽었다. 한 페이지가 통째로 해석이 안 될 때도 많았다. 원서는 그저 거들 뿐 번역서의 도움으로 내용을 이해했다. 하지만 《월든$_{Walden}$》을 읽는 내내 즐겁고 행복했다. 소로가 직접 쓴 문장을 눈으로 밟아 나간다는 것만으로도 충분히 만족스러웠다.

어떤 원서가 잘 읽히고 안 읽히고의 기준은 영어 실력에만 있는 건 아니다. 책에 담긴 생각이 나를 얼마나 설득하고 움직이는지가 중요하다. 다시 말해 내가 그 작가의 생각에 공감할 수 있는가다. 무언가를 좋아하고 싫어하는 것은 취향의 문제이다. 그래서 영어책을 고르는 데 있어서 취향을 아는 것이 중요하다. 초콜릿은 좋아하지만 민트 초콜릿은 싫을 수 있다. 한국어 소설책을 좋아하지 않는 사람이 영어 소설이 재미없는 것은 당연한 결과일 수 있다. 아무리 많은 사람이 쉽고 재미있다고 추천하는 책도 내가 재미없으면 안 읽힌다. 영어 실력만 탓하기보다는 '이 책이 나랑 맞지 않는구나.'라고 생각해 보면 어떨까? 하얀 종이 위에 까만 꼬부랑글씨만 보인다면 그 책은 내려놓고 다른 책을 들자.

모든 책을 끝까지 읽어야 한다는 완독 콤플렉스를 내려놓으면 더 많은 영어책을 즐길 수 있다. 완독의 반대말은 책을 끝까지 다 읽지 않는 것이 아니라 책을 아예 집어 들지 않는 것이기 때문이다.

(3장)

Reading
내가 선호하는 영어 독서법

내 친구 오디오 북을 소개합니다

쏘피쌤

　나이키 창업자 필 나이트의 자서전, 《슈독Shoe Dog》에서는 그가 처음 회사를 만들어 가는 과정이 생생하고 흥미롭게 그려졌다. 세련된 블랙 커버에 빨간 나이키 마크만 봐도 기분이 좋아졌다. 나같이 표지를 보고 책을 고르는 사람에게 유혹적이었다. 긴박감 있는 이야기 덕에 책을 내려놓을 수 없었다. 전 세계에 자신이 만든 브랜드를 히트시킨 그의 열정과 기발함은 책에도 잘 녹아 있었다. 그런데 책이 너무 두꺼웠다. 전체 400쪽. 중반 이후부터 전개가 늘어져서 지쳤다. 그동안 읽은 게 아까워서라도 완독하고 싶었는데 며칠째 같은 쪽에서 맴돌았다. 방법을 찾아야 했다.
　오디오 북을 한번 들어 볼까? 그동안 주변에서 원서를 오디오 북으로 듣는 사람들을 본 적이 있었다. 하지만 책 읽기는 글자를 눈으로 읽는 것이라는 고정관념이 강했기에 오디오 북을 재생한 적은 없었다. 두꺼운 책을 펼쳐 놓고 답답한 마음에, 한번 시도해 보기로 했다. 유튜브 검색창에 'Shoe Dog Audiobook'이라고 치니 영상이 몇 개 보였다. 귀로는 소리를 들으면서 눈으로 글자를 따라가니 책을 넘길 수 있었다. 지루했던 부분을 지나니 다시 재미가 느껴졌다. 나중에 안 사실이지만 내가 들은 오디오 북은 기계가 읽어 주는 TTS 버전이었다. 어쩐지 어색한 톤이 로봇 같더라니.

오디오 북의 손을 잡고 벽돌 책을 넘은 경험은 원서 읽기 여정에 흥미로운 전환점이 되었다. 그때 이후로 읽다 포기했던 책들도 과감하게 집어 들 수 있었다. 믿는 구석이 있었기 때문이다. 유튜브에서는 무료로 영어책 읽어 주는 영상을 찾기 쉬웠다. 영어책 읽을 때 모르는 단어를 찾지 않고 흐름을 따라가기 좋아했던 나에게는 오디오 북과 함께 읽는 게 딱 맞아떨어졌다.

오디오 북은 마라톤의 페이스메이커 같은 존재가 되었다. 책을 읽다 지쳐서 터벅터벅 걷고 있으면 내 손을 살포시 잡고 같이 뛰어 주었다. 친구와 함께 달리니 외롭지 않고 힘이 덜 들었다. 한 달에 겨우 한 권 읽던 내가 어느새 두세 권씩 읽을 수 있었다.

오디오 북에 관심이 생기니 전문 성우가 읽어 주는 유료 사이트가 있다는 것을 알게 되었다. 아마존이 운영하는 오더블은 첫 달 이용 요금이 무료였다. 자동결제가 되지 않게 캘린더에 취소 알람을 해 두고 신용카드를 등록했다. 나름의 방어전이었다. 처음 들었던 오디오 북은 유발 하라리가 쓴《21세기를 위한 21가지의 제언 21 Lessons for the 21st Century》이었다. 하라리의 벽돌 책 세트《사피엔스 Sapiens》,《호모 데우스 Homo Deus》를 읽었으나《21세기를 위한 21가지의 제언 21 Lessons for The 21st Century》은 엄두를 못 냈다. 이번에 오디오 북 손을 잡고 읽었더니 술술 넘어갔다. 오디오 북은 진짜 멋진 친구였다.

토익 듣기 495점 만점에 480점 정도 나왔지만 실제 듣기 실력은 그리 훌륭하지 않았다. 뉴스는커녕 드라마나 원어민과의 대화가 이해되지 않아서 감으로 때려잡기 일쑤였다. 오디오 북을 꾸준히 듣기 시작하고 6개월 정도 지났을 때였다. 《태어난 게 범죄Born a Crime》의 작가인 트레버 노아가 읽어 주는 오디오 북이 유튜브에 무료로 떠 있는 게 아닌가. "아싸!"를 외치면서 책을 펼쳤다. 며칠 뒤 침대에 엎드려 오디오 북과 함께 책을 읽다가 고개가 아파서 잠시 누웠다. 눈을 감고 작가의 음성에 귀를 기울이다가 어느새 깔깔거리는 나를 발견했다. 코미디언이기도 한 트레버 노아의 유머가 자연스럽게 이해됐다. 귀가 뻥 뚫린 순간이었다. 확신에 차서 오디오 북 정기 구독을 시작했다. 한 달에 2만 원이라는 돈이 전혀 아깝지 않았다. 한 달 동안 원어민 친구의 달콤한 목소리를 듣는 대가치고 오히려 감사한 가격이었다.

아침마다 책상에 앉아 영어책을 읽느라 미루었던 산책을 다시 시작한 첫날, 이어폰에서 《파친코Pachinko》가 흘러나왔다. "History has failed us, but no matter. (역사는 우리를 저버렸지만, 그래도 상관없다.)" 팔에 소름이 돋은 건 새벽 공기가 차가워서만은 아니었으리라. 오디오 북을 들으며 온전히 책 속으로 빠져들었다. 선자의 독백을 듣자니 눈물이 흘렀다. 인적이 드물어서 눈물을 훔치는 손이 부끄럽지 않았다. 이야기도 아름답고 영어를 알아듣게 된 나도 아름답게 느껴지는 아침이었다.

북클럽을 이끌다 보면 종종 듣는 질문이 있다. "원서 읽으면 영어 실력이 향상되나요?" 나는 대답한다. 어떤 목적으로 어떻게 읽느냐에 따라 다르다고. 오랫동안 원서를 읽어 본 경험상 책만 읽는다고 자연스럽게 모든 영역의 실력이 향상된다고 느끼지 못했다. 듣기, 말하기, 쓰기, 읽기 각 영역의 실력을 향상하기 위해 전략적인 노력이 필요하다. 만약 듣기 실력을 향상하고 싶다면 당연히 영어 오디오 북 듣기를 추천하고 싶다. 기초 수준에서는 발음 학습도 되고 중급부터는 청취 실력이 오른다. 고급 수준에 이르러서는 원어로 이야기 속 세상을 여행하는 멋진 경험을 할 수 있다. 2년 넘게 꾸준히 오디오 북을 들으니 웬만한 원어민의 이야기는 속 시원하게 알아들을 수 있게 됐다. 내 친구 오디오 북 덕분에!

- 오디오 북 입문 프로세스 -

1. 듣고 싶은 영어책의 제목으로 유튜브 영상을 찾아본다. 괜찮은 오디오 북을 찾았다면 무료로 부담 없이 즐긴다.

2. 원하는 오디오 북을 찾지 못했다면, 유료 사이트의 무료 체험 서비스를 활용해 보자. (지불을 원치 않는다면 체험 기간이 끝나기 전 캘린더에 알람 설정 필수!)

3. 오디오 북 활용도에 따라 나에게 맞는 서비스 이용하자.

- 추천 오디오 북 서비스 안내 -
(23년 11월 기준)

1. Audible (Audible Plus: $7.95/Audible Premium Plus 1 Credit: $14.95/2 Credits: $22.95)
Audible Plus 정액제가 있으나 책이 다양하지 않아 추천하지 않는다. Audible Premium Plus는 무제한 제공되는 오디오 북 외에 원하는 책을 크레디트로 개별 구매할 수 있다. 다수의 디바이스로 이용 가능하고, 다소 비싸지만 원서 선택의 폭이 가장 넓다.

2. Everand (전 Scribd, 정기 구독료 $9.99)
저렴한 구독료로 서비스 내 다양한 전자책, 오디오 북을 제한 없이 선택 가능하다는 장점이 있으나 신간, 인기책 등 찾는 책이 없을 때도 많다. 다수의 디바이스로 사용 가능하다.

3. storytell (정기 구독료 월 11,900원/패밀리 17,900원/패밀리 플러스 23,900원)
한국어 책 오디오 북도 함께 즐길 수 있고 한국어 기반 사이트라 이용이 편리하다. 구독 플랜에 따라 1~3인이 별도 계정으로 이용 가능하며, 키즈 모드가 있어 아이와 함께 듣기 좋다. 다만 원서의 선택이 다소 제한적인 편이다.

오디오북을 들으면 귀가 뜨여요

이북리더기로 원서 쉽게 읽기

토니

  시대에 뒤처진다고 할지라도 아날로그 방식을 선호한다. 스마트폰으로 웬만한 일을 다 해결할 수 있지만 메모용 종이에 장 볼 목록을 적는다. 달력을 출력하여 벽에 붙여 놓고 일정을 기재한다. 영화는 영화관에서 봐야 하고 책은 종이책으로 읽어야 한다. 이런 내가 촌스럽고 게으르고 느려 터진 것 같다는 생각이 들지만 개의치 않는다. 딱히 불편한 게 없다. 가끔 원시인 보듯 나를 쳐다보는 남편의 눈길이 귀찮을 뿐이다.

  시대의 낙오자인 내가 전자책을 읽게 된 건 영어 공부 때문이다. 영어 공부를 열심히 하겠다는 의지를 굳건히 세우고 원서 읽기에 도전해 보기로 했을 때였다. 책을 읽다가 생소한 단어가 나오면 일일이 사전을 찾아봤다. 단어장에 새로 익힌 단어와 문장을 빼곡하게 적었다. 그러나 책 한 권을 완독한 후 이 방식이 맞는지 의문이 들었다. 영어 공부가 목적이긴 했으나 책 읽는 재미 또한 포기하고 싶지 않았다. 단어를 정리하는 작업이 너무 귀찮았다. 기록하기 위해 책 읽기를 멈추다 보니 이야기에 제대로 몰입할 수 없었다.

궁리 끝에 전자책을 읽기로 결정했다. 이북리더기를 사야 했다. 기계 욕심이 전혀 없는 나였지만 그 당시 최고 사양이었던 킨들 오아시스를 구매했다. 영영 사전 기능이 있었기 때문이다. 단어를 손가락으로 누르면 사전이 자동으로 떴다. 얇고 가벼운 디자인의 킨들이 손에 착 감겼다. 이제 나도 영어책을 원 없이 읽겠다는 꿈에 부풀어 가슴이 두근거리기까지 했는데 현재 이 킨들은 내 손을 떠나 남편에게 가 있다.

킨들이 도착하고 책 몇 권을 읽기는 했다. 문제는 책 선정이었다. 영어 난이도 때문에 어려움을 겪었던지라 나의 수준에 적합한 아동용 책으로 시작했다. 킨들의 편리한 사전 기능을 활용하면서 책을 쉽게 읽어 나갈 수 있었다. 그러나 이야기가 시시해서 재미가 없었다. 편리하다고 좋아하던 킨들에도 불만이 생겨났다. 사전 기능이 영영 사전에 국한되어 있었기 때문에 추가로 영한사전을 찾아봐야 하는 번거로움이 뒤따랐다. 단어의 뜻이 단어 위에 미리 표시되는 워드 와이즈 기능도 유용하긴 했으나 좀 덜 똑똑했다. 쉬운 단어에 대한 표시가 더 많았다. 킨들과의 첫 만남에서 느꼈던 흥분과 기대가 시들시들해지면서 서너 달 만에 원서 읽기를 포기해 버렸다.

킨들을 다시 꺼낸 건 북클럽에서 원서 읽기를 시작하면서였다. 미국으로 이주 후 2년가량 책을 읽지 않았던 터라 어떤 책이라도 읽고 싶다는 마음이 간절하던 때였다. 북클럽에서 나의 흥미를 돋우는 원서를 선택하여 멤버들과 함께 읽어 나갔다. 킨들에 한영사전도 추가했다. 드디어 킨들을 제대로 활용하기 시작했다.

그렇게 몇 달 원서를 읽다 보니 한국어 책도 읽고 싶다는 바람이 간절해졌다. 몇 년 사이 이북리더기 시장이 성장했는지 독보적이었던 아마존 킨들 외에도 이북리더기에 대한 선택권이 다양해졌다. 이북리더기의 환경이 스마트폰과 다를 게 없었다. 이북리더기로 다양한 앱 사용이 가능해진 것이다. 여러 전자책 앱을 통해 원서는 물론 한국어 책을 읽는 게 가능해졌고 속도가 느리긴 하지만 웹 검색도 가능했다. 다시 이북리더기에 거금을 투자했다.

내가 구매한 제품은 오닉스 노바 3이다. 킨들 오아시스에 비하면 투박하고 촌스럽다. 그러나 7.8인치의 큰 화면이 만족스럽다. 무엇보다 한국어 책 구독 앱을 사용할 수 있어 활용도가 높다.

- 이북리더기로 원서 읽기의 장점 -

1. 사전의 신속함
단어만 클릭하면 뜻이 바로 뜬다. 현재 세 종류의 영한사전을 설치하여 번갈아 가며 사용 중이다.

2. 자동 번역
문장을 드래그하면 번역기가 자동으로 뜬다. 소설은 번역이 완벽하지 않지만 논픽션에서는 번역기가 큰 도움이 된다.

3. 시력 보호
원하는 만큼 글자 크기를 키울 수 있다. 또한 스마트폰이나 태블릿으로 읽는 것보다 눈에 무리가 덜 간다.

4. 하이라이트 기능
좋아하는 문장을 별도로 저장할 수 있다.

5. 편리한 독서
구입하여 저장한 책은 언제 어디에서나 간편하게 꺼내 읽을 수 있다.

6. 오디오 북 병행
책 읽어 주기 기능이 있다. 기계가 읽어 주기 때문에 음성이 부자연스럽지만 집안일을 할 때 종종 이 기능을 활용한다.

한마디로 이북리더기로 전자책을 읽는 이유는 편리함 때문이다. 그러나 편리함 때문에 포기한 아날로그 감성이 무척 그리울 때가 있다. 연필로 밑줄을 그을 때 나는 사각거리는 소리, 손가락에 와 닿는 책의 질감, 책 냄새가 그립다. 마음에 드는 문단을 발견하고 책장을 고이 접던 순간이 그립다. 전자책으로는 이런 소유와 애착이 주는 기쁨을 누릴 수 없어 아쉽다.

이북리더기를 활용하는 게 처음에는 쉽지 않았다. 이북리더기에 한영사전을 넣느라 하루 종일 컴퓨터 앞에 앉아서 이것저것 따라 해야 했다. 파일을 외부로 보내는 방법을 알아내는 데도 한참이 걸렸다. 여전히 몰라서 쓰지 못하는 기능이 더 많다. 이럴 때면 전자기기의 기능을 빠르게 익히고 활용하는 사람들이 부럽다. 이북리더기의 필기 기능과 드로잉 기능을 활용해 청강용이나 아이디어 구상용으로 활용하는 사람들 말이다.

  원서 읽기를 가능하게 해 준 이북리더기가 있어 감사하면서도 마음은 여전히 종이책에 가 있다. 손때 묻혀 가며 책장을 넘기는 대신 엉거주춤 전자책을 읽을 때면 처량하다는 생각도 든다. 그러나 어휘력이 높지 않고 게으른 내게 전자책과 이북리더기는 꼭 붙잡아야 할 동아줄이다. 원서 읽기를 꾸준히 하고 싶다면 아날로그 감성을 잠시 접고 전자책에 마음을 열어 보자. 원서라는 놀라운 세상에 쉽게 닿을 수 있다.

이북리더기로 읽으면 편리해요

밤 10시 서재가 되는 부엌

너란아이

 밤 10시, 집에 도착하자마자 냉동실을 연다. 며칠 전에 사 둔 구룡포 반건조 오징어를 꺼내 해동시키기 위해서다. 선반 위에 올려 오징어를 해동시키며 늘 읽던 원서 두어 권에 시선을 돌린다. 1시간짜리 낡은 모래시계와 향초도 주방 한편을 차지하고 있다. 어느 순간부터 그들의 자리였고 누구도 그들의 자리를 넘볼 수 없다. 앉을 시간도 없이 단 몇 초 만에 나의 두 번째 일이 시작된다. 배꼽시계가 울려 대니 오징어를 굽긴 해야 하는데 손에 올려진 책 두어 권의 페이지를 찾느라 정신이 없다. 접어 둬야 하지만 접어 두지 않아서 더 좋다.

 매일 나는 일이 끝나고 부엌으로 출근한다. 다섯 식구인 우리는 늘 방이 부족하다. 당연히 내가 원하는 우아한 그림의 서재 따위는 존재하지 않는다. 식사 후 남겨진 잔반들과 커피포트, 어지럽게 올려진 컵들이 나를 맞이할 때면 나를 기다리는 책들에게 미안한 마음까지 든다. 낭독을 시작한 이후로는 저녁을 거의 먹지 않았다. 그 시간이 아까워서가 아니라 늦은 시간에 들어오면 밥을 퍼 담고 반찬을 꺼내고 다시 설거지를 하는 일이 귀찮았기 때문이다. 오늘은 오징어가 내 허기짐을 대신 채워 줄 것이다. 오징어를 먹으면서는 원서 낭독이 가능하지만 구우면서는 힘들기 때문에 먼저 오징어를 굽기로 하고 선반에 있는 살짝 해동된 오징어를 떼어 냈다. 굽는 동안 오징어 향이 주방을 한가득 채운다. '누구라도 이 향을 맡으면 기분이 좋아질 거야.' 하며 오징어를 굽는다.

우리 집에는 어디에서나 볼 수 있는 세라믹 비슷한 아일랜드 식탁 한쪽에 접었다 폈다 하는 보따리 장사 같은 서재가 존재한다. 내가 앉아야 서재가 되는 그런 곳이다. 나름 분위기를 내고 싶어 식탁 한편에 책꽂이를 만들어 놨지만 여러 사람이 이용하다 보니 가끔은 책에 물을 줄 때도 있고, 김치 국물이 튀어서 책에 옷을 입혀 줄 때도 있다. 너무 싫어서 책장을 옮기기도 해 봤지만 신기하게도 다시 그 자리로 돌아왔다. 여기 주방이 내 자리인 것이다. 모든 것들이 내 진두지휘 아래에 돌아가는 그곳. 아무리 잔소리를 해도 메아리 한번 치지 않는 비밀스럽고도 안전한 곳이다. 드디어 오징어가 다 구워졌다. 주방에서는 연기도 내가 하고 관객도 내가 한다.

주방에서 낭독하며 연기한 지 1년 하고도 6개월이 되었다. 20대 이후 영어를 다시 공부하는 게 처음이었던 나는 두려워서 엄두도 내지 못했던 게 사실이다. 원서 낭독을 처음 시작했을 때 영어 원서라는 단어가 주는 무게감에 한 번 눌렸고, 영어 울렁증이 주는 압박감에 또 한 번 눌려 시작이 쉽지 않았다. 잘 읽어야만 했고 내 음성을 듣는 사람들이 있다는 생각에 여러 번 녹음과 취소를 반복했다. 처음 10분 낭독이 너무 힘들었다. 음성 파일 올리는 게 창피했다. 그럼에도 불구하고 나는 왜 낭독을 해야만 했을까? 한국어 책들도 많은데 왜 많은 것 중에서 원서를 읽어야만 했을까? 매일 매 순간 낭독을 시작하기 전에 이 생각을 했다. 누구나 그렇겠지만 영어를 언어로서 공부하고 싶었다. 하지만 마흔이 넘어가니 마땅히 다닐 학원도 찾기 힘들었고 왔다 갔다 써야 하는 시간도 아까웠다. 이렇게 게을러서야 어떻게 공부를 지속할 수 있겠니? 하며 나를 채찍질했지만 아이들을 키우며 나까지 학원을 다닌다는 것은 쉬운 일이 아니었다.

그래서 내가 선택한 방법은 낭독이었다. 처음 낭독은 그냥 읽기였다. 초등학교 아이들이 파닉스를 끝내고 읽기 연습을 한다고 생각하며 읽어 갔다. 챕터 하나를 한 10번쯤 읽으며 든 생각은 '이거 되는 거 맞나?'라는 의심이었다. 첫 달에 처음 선택한 책이 뉴베리 소설 《별을 헤아리며 Number the Stars》였는데 첫 책으로 너무 어려운 책을 골랐다 싶었다. 낭독을 많이 하는 게 목적이어서 자기 계발서와 소설방도 껴서 무조건 읽었다. 그때는 창피해서 그랬는지 큰아이 방에 숨어서 읽고 작은아이 방을 빌려서 읽고 했다. 그러다 보니 낭독이 오래가지 못했다. 점점 힘들었고 매일 검증하는 시간들이 지루하게 느껴졌다. 나는 얼마나 더 읽어야 하는가? 이래서 다들 원서 읽기를 포기하는구나 싶었다.

징징거리며 한 달, 포기해! 말아! 그러면서 한 달. 하지만 함께하다 보니 다음 달에도 그다음 달에도 책을 선정하는 날이 기다려졌고 포기했던 마음을 누그러뜨리며 다시 오픈 톡방의 참여 날을 기다렸다. 가끔은 무모함이 내 무기가 되기도 하는 것 같다. 함께하며 힘을 얻었고 잘하고 싶다는 간절함이 포기하고 싶은 마음보다 더 크게 내 가슴을 채워 갔다. 50 대 50이었던 마음이 60 대 40이 되면서 주방은 낭독을 하는 공간이 되었다. 용기도 주방에 있을 때 더 힘껏 채워지는 기분이 들었다. 내가 원서를 이해할 수 있는 양도 60프로나 되었다. 사실 원서를 읽고 번역서를 읽을 때면 내가 잘못 읽은 부분들이 눈에 확 띄었다. 세상 처음 보는 내용이었으니 그럴 만도 했다. 그래도 이해하는 부분들이 있다는 작은 설렘과 믿음으로 무리하게 정복하겠다는 마음을 버렸다. 정복이라는 단어는 이럴 때 쓰는 단어가 아님에도 광개토대왕이라도 되는 듯 전투적으로 시작한 낭독은 이제 나에게는 취미 생활이자 루틴이 되었다.

혼자 힘으로 힘들다면 권유는 얼마든지 해 줄 수 있다. 나도 누군가의 이끌림에 의해 여기까지 왔듯이 모르는 척 나에게 끌려와 함께 시작할 수 있다면 말이다. 일단 해 봐야 실력이 얼마나 바닥인지 알 수 있고 그 깊이에 따라 끌어내어 주는 힘도 다르기 때문이다. '만유인력의 법칙'이라고 했던가? 질량을 가진 물체 사이의 중력의 끌림을 말하는 물리학 법칙으로 함께하는 힘에도 이런 귀한 힘이 작용하고 있다고 생각한다.

오늘도 퇴근 후 작은 주방 한편으로 출근을 한다. 향초를 켜고 모래시계를 뒤집는다. 습관적으로 앉아 책을 만지작거리며 오늘 하루 잘 있었냐고 인사를 건네고 어디까지 읽었는지 기억도 나지 않는 페이지를 찾아 헤맨다. 작은 주방 한편에서 들려오는 주방 후드 모터 소리와 작은 향초가 내뿜는 공기의 따뜻함 조용히 흘러가는 낡은 모래시계의 움직임에 맞춰 경쾌하게 낭독을 한다. 원래 이 소리들이 하나였던 것처럼 말이다.

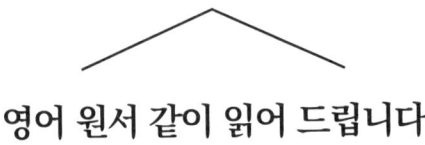

영어 원서 같이 읽어 드립니다

하루 고요한 시간

- 안녕하세요 하루 한 장 원서 읽기 리더 스카일라입니다. 오늘부터 로알드 달의 《매직 핑거 The Magic Finger》라는 책을 함께 읽어 보도록 하겠습니다.

영어책을 펼치고 어순대로 우리말 뜻을 말하기를 반복한다. 2018년, 매우 친절하고 자세하게 영어 원서를 함께 읽어 주는 '하루 한 장 원서 읽기' 10분짜리 동영상 60여 개를 만들어 유튜브에 올렸다. 잔소리 없는 영어 수업이다. 문제집에 나올 법한 해설은 없다. 영상들을 통해 전달하고 싶었던 이야기는 다음과 같다.

1. 영어가 쓰인 순서대로 물 흐르듯 따라가자.
2. 의미 있게 읽히는 단어 모음을 덩어리째 흡수하자.
3. 어려운 개념과 문법 용어를 반드시 모두 알 필요는 없다.
4. 문장의 앞뒤를 오가며 바쁘게 해석하려 애쓰지 않아도 된다.
5. 눈으로 귀로 잡히는 만큼 파악하며 읽어 나가면 충분하다.

있는 그대로 받아들이는 연습의 대상이 영어일 뿐이라고 전하고 싶었다. 설명하거나 가르치지 않았다. 화면에 담은 건 영어책 한 권, 연필 한 자루, 우리말과 영어로 책 읽는 내 목소리, 읽어 가는 과정이다. 한 줄, 한 장, 한 권의 책을 같이 읽어 주는 책 동무가 되어 주겠다는 다짐으로 영상을 만들어 올렸다.

책을 펴고 연필 한 자루를 든다. 뜻을 이해할 수 있는 단어만큼 나누며 읽어 나간다. 의미 단위로 끊어 읽는 직독 직해가 있지만 조금 더 유연하고 쉬운 방법으로 읽어 나가도 좋다. 처음부터 문장의 주어와 동사를 한눈에 찾아내고, 핵심 내용을 파악하고, 꾸며 주고 부가적인 정보를 주는 수식부를 알아보기가 쉽지 않을 수 있기 때문이다. 전치사와 접속사, 관계대명사 등을 찾기 어려울 수 있다.

처음에는 각자가 이해하고 받아들일 수 있을 만한 수준의 글을 정해 읽는다. 차례로 등장하는 단어, 그 다음 단어와 어떻게 연결되어 있는가 살핀다. 이미 알고 있던 영어와 배경지식을 동원해 자연스럽게 의미를 파악한다. 읽다 보면 점점 한눈에 이해할 수 있는 단어 덩어리(청크)의 수가 많아진다. 어려운 부분이 있으면 단어를 찾고 문법책을 펼치면 된다. 이때 문법책을 펼치면 보물 지도처럼 느껴질 것이다. 인쇄된 단어장을 순서대로 보며 외우는 것보다 이야기를 파악하기 위해 찾아본 단어가 오랫동안 기억에 남을 것이다.

코로나 시기에 온라인 원서 북클럽에 가입해 꾸준히 원서를 읽었다. 십수 년간 읽어 왔던 양보다 지난 삼 년간 읽은 양이 더 많다. 읽고 싶은 책이 생기면 어떻게든 읽을 궁리를 한다. 눈으로만 읽기 어렵거나 집중이 되지 않는 책은 오디오 북을 활용한다. 모든 책이 술술 잘 읽히는 것은 아니다. 내용을 백 프로 이해한다고 생각하지 않는다. 그래도 모르는 단어를 전부 찾지 않는다. 몇 번 읽어도 뜻이 모호하거나 꼭 알아야 할 필요가 있다고 생각하는 단어는 찾아본다.

원서를 읽기로 결심했을 때 서점에 가서 유명한 고전 영미 문학을 골랐다. 문장, 문단, 한 장 이렇게 범위를 넓혀 가며 해석하다가 도저히 안 되겠다 싶어서 책을 덮을 때가 많았다. 단어를 찾아 가며 읽으면 하루에 한두 문단만 읽어도 된다고 뿌듯해하기도 했지만 진도가 영 안 나갔다. 끝까지 읽은 책이 거의 없었다. 공부하는 것 같은 기분은 드는데 책을 읽은 것 같지는 않았다. 영어를 술술 읽어 내는 방법을 몰랐다. 외국어로 쓰인 글은 해독하는 거라는 생각에 갇혀 있었다. 그러니 책을 읽는 즐거움은 미처 몰랐다.

십여 년 전, 남편이 사 들고 온 《매직 트리 하우스Magic Tree House》 시리즈는 어린이를 위한 책이었다. 짧고 쉬운 문장으로 쓰여 읽어서 뜻이 명확하게 전달되는 책이었다. 당시 서른 살이 넘은 내가 읽어도 재미있었다. 문장이 한눈에 들어오면서 바로바로 책장을 넘길 때 느끼는 희열이란! 흥미로운 줄거리도 한몫했겠지만 모국어가 아닌 다른 언어로 읽고 있다는 기쁨이 컸다. 처음에는 습관처럼 단어 하나씩, 문장 하나씩 해석하며 읽었다. 그러다 눈에 들어오는 문장의 단위가 길어졌다. 한숨에 읽고 이해할 수 있는 문장이 두 줄이 되고 한 문단이 되는 신기한 경험이었다. 글을 읽어 온 사람이라면 이해할 수 있는 기적이다. 누구나 습득할 수 있는 기술이다.

그전엔 오랫동안 영어를 공부했지만 언어로서의 장벽은 낮아지지 않았다. 시험을 위한 영어 공부만 했던 탓이다. 쉬운 책을 읽기 시작하면서 영어를 보는 눈이 뜨였다. 공들여 해석하거나 감으로 읽어 내려가는 수준이 아닌, 충분히 이해할 수 있는 수준의 책을 골랐기에 재미가 붙었다. 책 읽는 속도가 빨라지고 읽는 양이 늘었다. 텍스트를 읽어 온 지는 오래됐으나 책을 읽는 재미를 안 지는 얼마 되지 않는다.

사람들은 영어 문제집 외에 영어책을 읽어 본 경험이 적으면 글밥이 조금만 많아져도 어려울 거라 짐작한다. 모든 단어를 다 찾아봐야 한다고 생각한다. 첫 문장부터 꼼꼼하게 해석부터 하려고 든다. 그 경계심을 풀어 주는 게 나의 역할이다. 내가 첫 챕터를 함께 읽어 주면 대부분 수월하게 책 읽기에 진입한다. 문자보다 소리에 좀 더 익숙한 학생들에게는 오디오 북을 권한다. 집중할 수 있는 분위기에서 책을 읽으며 오디오 북을 함께 듣는다. 오디오 북 성우의 호흡에 따라 숨을 쉬고 멈추다 보면 이야기를 파악하기 쉽다. 그대로 이야기에 흥미를 붙이면 성공이다.

듣기와 읽기 실력이 오를 때까지 영어책 읽기를 미루지 말자. 현재 내 수준에서 읽을 수 있는 책을 펼치면 된다. 아이도, 어른도 원서를 읽고 싶어 한다. 영어가 좋고 필요해서 영어책을 읽으려는 사람이 있고 책 자체가 좋아서 원서로 읽고 싶은 사람도 있다. 하지만 막상 시작도 못 하거나 시작하더라도 얼마 못 가 그만두는 경우가 많다. 무슨 일이든 단번에 잘해 내기가 쉽지 않다. 책 읽기도 어려운데 하물며 외국어로 쓰인 책을 읽는 것은 어떻겠는가. 읽어 가다 보면 길을 찾는다. 답을 찾는 과정은 하나로 합쳐진다. 읽고 싶은 책을 손에서 내려놓지 않는다면 혹은 잠시 내려 두더라도 마음에서만 포기하지 않으면 된다. 원서로 읽고 싶었던 그 책을 한 장 한 장 자연스럽게 넘기며 읽고 있는 날이 온다.

- 영어책을 읽기 위한 행동 패턴 -

1. 책을 펴세요.
2. 단어가 궁금하면 찾아보세요.
3. 귀찮으면 그냥 읽어요.
4. 책이 어려워요? 그럼 좀 더 쉬운 책을 펴세요.
5. 어려운 책인데 재밌어요? 그럼 그냥 두세요.
6. 문법 때문에 막히는 것 같다면 문법책을 펼쳐 보세요.
7. 발음이 궁금하면 인터넷 사전으로 찾아서 들어 보세요.
8. 눈으로만 읽으며 집중이 안 되면 오디오 북을 구해 들으세요.
9. 해석하며 읽어도 되고 감으로 읽어도 됩니다.
10. 꾸준히 읽어 가는 길에 답이 있습니다.

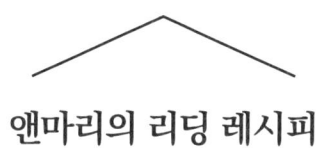

앤마리의 리딩 레시피

앤마리

영어라는 까다로운 재료 때문에 사람들은 원서 읽기를 어려워한다. 그래서 영어가 부족한 사람들도 부담 없이 시도해 볼 수 있는 레시피를 만들어 봤다. 이 레시피가 당신에게 도움이 되길 바란다.

재료: 내 수준에 맞는 책

- 영어를 잘해야 원서를 읽는 것은 아니다. 책 선정만 잘해도 반은 성공이다.

영어책을 읽는다고 말하면 사람들은 주로 이렇게 말한다. "영어 잘하시나 봐요!" 영어를 잘해야 영어책을 읽을 수 있다는 생각. 물론 아주 틀린 말은 아니지만 나는 그렇게 생각하지 않는다. 누구나 원하면 영어책을 읽을 수 있다. 다만 꼭 기억해야 할 것은 내 수준에 맞는 책을 선택해야 한다는 것이다. 사람들은 자신의 실력과 맞지 않음에도 불구하고 명작이나 베스트셀러에 올랐던 잘 알려진 책으로 시작하는 경우가 많다. 다는 아니지만 그런 책들은 초보자가 읽기에는 난이도가 높은 경우가 많다. 물론 유명한 책을 읽고 싶은 것은 당연하다. 나 또한 처음에는 잘 몰라서 그런 책을 골랐다. 원서를 읽는 이유 중 하나가 있어 보이고 싶은 마음도 있지 않은가? 하지만 자신의 수준을 고려하지 않고 책을 선택하면 실패할 확률이 높다. '원서 읽기는 영어 잘하는 사람의 전유물이었어.' '역시 영어 원서는 나에겐 너무 어려워.'라고 생각하면서 포기할 가능성이 높다.

   그렇다면 어떻게 자신의 수준을 파악할 수 있을까? 당신의 '영어 친밀도'를 생각해 보자. 여기서 말하는 '영어 친밀도'는 토익이나 토플 같은 인증 시험과는 무관하다. 말 그대로 '영어랑 얼마나 친한가'이다. 꼭 외국인 친구를 만나거나 외국에 거주하지 않더라도, 평소에 영어로 진행하는 유튜브 채널을 시청하거나 영국이나 미국 드라마를 자막 없이 보는 등 영어를 꾸준하게 접해 온 사람이라면 '영어 친밀도'가 높다고 할 수 있다. 그래도 처음에는 내 수준보다 난이도가 낮은 책을 선택하는 것이 좋다. 쉬워야 끝까지 읽을 수 있고, 끝까지 읽고 나서 느끼는 뿌듯함은 자연스럽게 또 다른 책으로 이끌어 주기 때문이다.

   만약 당신이 영어와 안 친하거나 영어와 오랜 기간 담을 쌓고 지낸 사람이라면 먼저 욕심을 내려놓고, 어린이 그림책이나 글이 적은 챕터북 정도로 시작하는 것이 좋다. 모르는 단어를 찾아 가면서 천천히 내 속도에 맞게 읽기에 부담이 없고, 짧기 때문에 금방 끝낼 수 있다. 짧고 쉬운 책이라고 만족감도 적은 것은 아니다. 작은 성취감이 모여서 나의 자신감에 조금씩 근육이 붙는다.

 하지만 영어와 서먹하게 지낸 세월이 꽤 길기 때문에 실력을 보완해 줄 영어 공부도 병행할 필요가 있다. 여기서 말하는 영어 공부는 수능이나 토익처럼 어려운 수준의 공부가 아니라 중학생 수준의 영어 공부이다. 그래서 중학교 교과서로 시작해 보면 좋다. 중학교 교과서 한 과에는 대화문(회화), 영어 지문 한 개 그리고 두 개 정도의 핵심 문법 설명이 담겨 있다. 그래서 다방면으로 공부하기에 적합하며, 무리하지 않으면서 한 주나 두 주 정도에 끝내기 적당한 분량이다. 그리고 마지막으로 지문의 내용을 잘 숙지했다면 큰소리로 낭독하고, 그것을 녹음해서 들어 보는 것도 추천한다. 처음에는 내 영어 발음을 듣는 것이 어색하겠지만, 지속해서 하다 보면 자신감도 생기고, 자신의 발음이나 억양에서 어색한 부분도 스스로 발견할 수 있게 된다.

 사람들은 내가 영어를 잘해서 원서를 읽는다고 생각하지만 오히려 그 반대이다. 원서를 읽으면서 영어 표현이 풍부해지고 억양이나 발음을 따라 하면서 말하는 것이 전보다 훨씬 자연스러워졌다. 내가 만약 내가 처음에 어려운 책을 선택해서 끝까지 읽기를 고집했다면 과연 여기까지 올 수 있었을까? 나 또한 영어 실력이 되어야 영어책을 읽는 것이라고 결론 짓고 책을 영원히 내려놓았을 수도 있다.

 원서 읽기의 장벽은 생각보다 높지 않다. 적절한 수준의 책으로 과감히 시작하는 용기와 약간의 시간, 그리고 인내심이 필요하다. 그렇게 첫걸음을 떼고 나면 언젠가는 수준 있는 책들을 읽는 날이 반드시 올 것이다.

요리법: 센불로 후다닥 볶지 말기

- 영어 공부보다는 이야기에 몰입해라.

내 수준에 맞는 책을 선택했다면 읽어 보자. 처음에는 책도, 영어도 낯설 것이다. 예전에 영어를 공부하던 습관이 남아 있어서 전투적으로 주어와 동사를 찾으려 할 것이다. 우리는 학창 시절에 그런 방식으로 공부했고, 그 방식이 틀린 것은 아니다. 다만 그렇게 읽으면 시간이 오래 걸리고 재미가 떨어진다. 내가 영어를 포기할 수밖에 없었던 이유에 말뚝을 박아 줄 뿐이다. 학창 시절엔 좋은 점수를 얻기 위해서 어쩔 수 없이 그 방식으로 공부해야 했지만 더 이상 그럴 필요가 없다. 오랫동안 지속할 수 있는 나만의 방법을 찾는 것이 중요하다.

그러려면 우선 책이 재밌어야 한다. 대부분의 사람들은 재미있는 것은 시키지 않아도 스스로 찾아서 한다. 영어 문제집과 달리 영어책 속에는 재미있는 이야기가 있다. 문법을 이용한 완벽한 해석을 하려고 하기보다는 책의 줄거리를 잘 따라가며 읽어 보자. 문법은 필요에 따라 궁금할 때마다 찾아보면 좋지만 단어의 뜻만 잘 알아도 줄거리를 따라가는 데 큰 어려움은 없다. 초반에는 배경과 등장인물만 잘 파악해도 절반은 성공이다.

다음에는 책 속 줄거리를 따라가자. 중반쯤에 이르면 나도 모르게 이야기에 이끌려서 내가 영어 공부를 하고 있다는 생각을 잊게 한다. 이야기에 몰입하면 다음 내용이 궁금해져서 책장이 빨리 넘어갈 때도 있다. 모르는 단어를 다 찾지 않아도, 문장을 100% 해석하지 못해도 이야기가 나를 이끌어 주는 순간들이 생기고, 여운과 함께 어느새 마지막 장을 넘기고 있다.

  영어 문제집의 마지막 장을 덮으면 뿌듯하지만 다음 문제집이 기대되지는 않는다. 그러나 영어책 마지막 장을 덮으면 끝까지 읽었다는 뿌듯함과 더불어 다음 책은 어떤 이야기를 담고 있을지 기대가 된다. 당신이라면 둘 중 어떤 선택을 하겠는가?

양념: MSG는 만능 소스!

- 번역서는 보험 같은 친구

  북클럽에서 원서를 읽다 보면 번역서를 보는 것을 문제집 풀다 답지를 베낀 것처럼 부끄럽게 여기는 사람들이 있다. '번역서 금지'라는 말은 어디에도 없는데 말이다. 아마 영어 공부를 하기로 마음먹었으니 원서로만 읽어야 실력이 늘 거라고 기대하는 것 같다. 나 또한 처음 원서를 읽을 때는 번역서를 보면 안 된다고 생각해서 일부러 번역서는 멀리했었다.

  그러나 의도치 않게 난도가 높은 책을 읽을 때가 있다. 책에서 다루는 내용이 어려워서 책의 줄거리를 파악하기 어려워지고, 그러다 보면 자칫 책 읽는 재미를 잃게 된다. 그러면 결국 포기의 늪에 빠질 수도 있다. 심지어 내 수준에 맞는 책이라고 할지라도 책 속 문장의 난이도는 천차만별이다.

우리는 시험을 보거나 높은 점수를 필요로 하지 않기 때문에 쉽게 이해되지 않는 어려운 문장들과 씨름할 필요가 없다. 그럴 때는 책의 전반적인 줄거리를 따라가기 위해서 번역서의 힘을 빌리는 것도 좋다. 번역서로 먼저 내용을 숙지한 후 원서로 돌아오면 내용을 이해하기가 훨씬 수월해진다. 번역서는 어려운 구간을 부드럽게 넘도록 도와주는 윤활유 역할을 해 준다.

최근에《아내를 모자로 착각한 남자 The Man Who Mistook His Wife for a Hat》를 읽었다. 정신질환의 사례를 다루는 책으로 내용이 흥미로워서 이 책을 선택했다. 하지만 의학 분야라서 내가 이해하기 어려운 전문 용어들 때문에 책이 잘 읽히지 않았다. 처음에는 단어를 찾아 가며 읽어 보려고 노력했지만 발음조차 하기 힘든 어려운 전문 용어들을 찾아보는 게 의미가 있을까 싶어서 포기하고, 도서관에서 번역서를 빌렸다. 번역서를 옆에 두고 어려울 때마다 읽었다. 그랬더니 차츰 책의 메시지가 머릿속에 들어오기 시작했고, 다시 책에 몰입할 수 있었다. 그래서 그때 나는 어려울 때 번역서가 좋은 안내자가 될 수 있다는 것을 몸소 깨달았다.

번역서를 읽는 것 자체를 좋다거나 나쁘다고 말할 수는 없다. 번역서는 내가 어떻게 사용하는지에 따라 '득'이 되거나 '실'이 될 수도 있다. 처음에는 영어책이 낯설고 어려우니까 번역서의 도움을 받다가 차츰 줄여 나가면 어떨까? 번역서에 너무 의존하면 자칫 원서 읽기의 묘미를 잃을 수 있으니 주의하자.

'원서 읽기'라는 요리는 영어를 잘하는 사람들만 할 수 있는 요리가 아니다. 재료와 레시피가 다양하듯 영어책을 읽는 방법도 다양하다. 나에게 적절한 수준의 책을 골라 이야기를 읽는 즐거움을 따라가면서, 어려울 때는 번역서 친구의 도움을 받는다면 원서 읽기가 당신만의 특별 요리가 될 수 있을 것이다.

(4장)

Club
다양한 독서 공간과 경험

북클럽 영업 사원 쏘피쌤입니다

쏘피쌤

미용실에 1년에 3번 정도 간다. 긴 머리를 가볍게 다듬는 정도다. 집에서 가까운 단골 미용실이 있지만, 특별히 찾는 디자이너도 없다. 처음 본 디자이너에게 거리낌 없이 머리를 맡긴다.

- 어떤 스타일로 잘라 드릴까요?
- 그냥 깔끔하게 다듬어 주세요. 귀찮아서 긴 머리가 제일 편하네요.
- 맞아요. 긴 머리가 관리하기 제일 편해요.
- 똑같은 스타일이라 학생들이 지겨워하겠지만요.
- 아! 선생님이시구나!
- 네. 초등학생들 영어 가르치고 있어요.
- 하… 영어… 저도 영어 배우고 싶은데, 시간도 없고 영어는 정말 어려워요.

'영어'라는 소재로 사람들과 대화를 나누면 십중팔구 반응이 비슷하다. 잘하고 싶은 로망과 여전히 극복되지 않는 실력으로 인한 열등감 사이에서 긴 탄식이 새어 나온다. 영어 선생님이라는 정보를 흘린 건 의도가 있었다. 이제 본격적인 영업이 들어갈 타이밍이다.

먼저 '왜 영어를 배우고 싶은지' 묻는다. 뚜렷한 목표가 없거나 해외여행 가서 편하게 말하고 싶다는 반응이 보통이다. 그럼 '어떻게 영어 연습을 하고 있는지' 묻는다. 역시 방법을 잘 모르거나 시간이 없어서 못 하고 있다는 답이 대부분이다. 마지막으로 MBTI 유형을 물으며 마무리한다. 생뚱맞게 들릴 수 있지만 성격 유형은 책 읽기 취향을 파악하는 데 꽤 도움이 된다. MBTI 이야기를 하면 더 관심을 가지기 때문에 영업의 성공 확률이 높아진다.

나는 2년 전부터 네이버에서 '쏘피쌤의 책장'이라는 이름으로 활동을 하고 있다. 20대 청년 A가 상담을 요청해 왔다. 상담이 시작되자마자 그는 이미 다양한 학습법에 실패했다고 토로한다. 혹시나 하는 마음에 원서 읽기가 도움이 될까, 문을 두드렸단다. 시크한 그는 소설 읽는 건 시간 낭비처럼 느껴진다고 말했다. 그에게서 성과를 중시하는 ESTJ의 기운이 느껴졌다. 30분 정도 영어 인터뷰를 하고 그의 실력을 파악한 뒤 《아주 작은 습관의 힘$_{Atomic\ Habits}$》을 추천해 줬다. 두께는 제법 되지만 문장이나 어휘가 어렵지 않아 성취감을 얻기 딱 좋다. 더불어 습관 만들기의 실질적인 조언들이 잘 정리되어 있어 그가 좋아할 것 같았다. 그 후 그는 "책을 잘 읽고 있고 여러모로 도움을 받아서 고맙다."라는 짧지만, 기분 좋은 메시지를 보내 왔다.

어딘지 주눅 들어 보이는 30대 직장인 여성 B는 원서를 한 번도 읽어 본 적이 없었다. 인터뷰를 해 보니 유창하지는 않지만 자기 생각을 문장으로 곧잘 구사하는 중급 이상의 수준이었다. 쉬우면서 삶의 동기를 불러일으키는 책을 추천해 주고 싶었다. 《선물The Present》과 《누가 내 치즈를 옮겼을까?Who Moved My Cheese》의 저자 스펜서 존슨의 최신작 《내 치즈는 어디에서 왔을까?Out of the Maze》는 80쪽으로 분량도 적고 문장이 쉬워서 완독하기 좋다. 상담 내내 의기소침해 보였던 그녀가 이 책을 읽고 자존감을 얻길 바라는 마음도 있었다. 매주 한 번씩 온라인에서 함께 책 이야기를 나누기도 했다. 만날 때마다 그녀의 표정이 밝아지는 게 느껴졌다. 근래 직장 상사와 갈등으로 회사 생활이 힘들었고 의욕이 많이 떨어진 상태였다고 했다. 원서를 읽으면서 자신감을 많이 되찾게 되어 기쁘다고 했다. 두 번째 책으로 《해빙The Having》을 골랐으나 그녀의 회사 일이 바빠져서 수업을 마무리해야 했다.

도서관 수업이 있는 날은 전날부터 설렌다. 사람들에게 소개해 주고 싶은 원서들을 하나둘씩 챙기다 보니 어느새 가방이 한 보따리다. 가방 무게로 어깨는 처졌지만 설레서 마음은 가벼웠다. 수업에 온 학생들은 우연히 홍보를 보고 처음 영어책을 집어 든 사람들이 대부분이다. 주부가 가장 많고 간혹 20대 청년이나 중년 남성도 보인다. 매주 정해진 분량의 책을 읽고 와서 자유롭게 생각을 나눈다.

한 문장씩 해석하는 영어 수업을 기대했다가 다소 당황스러워하는 표정도 보인다. 하지만 이내 적응하고 책에서 얻은 영감을 나눈다. 영어책을 읽었지만, 한국어로 이야기하니 부담이 없다. 마지막 수업을 끝낼 때쯤에는 '내가 원서를 완독했다니!'라는 성취감에 상기된 표정들이 보인다. 나도 함께 기분이 좋아진다. 주부로 살면서 잃었던 꿈을 되찾았다는 후기들도 종종 보인다. 이런 피드백을 듣는 도서관 수업을 어찌 기다리지 않을까?

  나의 '원서 읽기 영업'은 현재 진행형이다. 미용실에서도, 우연히 들른 카페에서도 영어책 이야기로 대화를 마무리한다. 나도 잘 안다. 대부분은 원서 읽기에 관심이 없다는 것을. 하지만 영어를 오랫동안 연습했고 잘하고 싶어 한다는 것도.

  영어는 돼지 저금통이 아니다. 10년 넘게 연습한 기술을 한 번도 제대로 못 써먹는 건 정말 한스럽다. 나는 운 좋게도 유익하게 영어를 써먹는 방법을 알게 되었다. 책에서 수많은 선생님을 만나 깨달음을 얻고 친구를 사귀며 감동을 나누는 것이다. 외국어로 통찰을 얻으면 성취감이라는 성과급도 받는다. 때로는 그 보너스가 두둑해서 도전을 멈출 수 없다. 우리는 정말 좋은 것을 알게 되었을 때 꼭꼭 숨기거나 여기저기에 알린다. 나는 후자였기에 만나는 사람마다 원서 읽기 영업을 하고 다녔다.

  3년 동안 북클럽을 운영하면서 영감을 주고받는 아름다운 순간을 나눈 사람이 수백 명이다. 단순히 영어 공부를 하려고 원서를 읽기 시작한 것이 삶을 얼마나 빛나게 해 주는지 더 알리고 싶었다. 목구멍까지 차오른 메아리를 외치고 싶어 가슴이 터질 것 같았다. 그래서 무작정 노트를 펴고 연필을 들어 이야기를 적기 시작했다. 당신과 함께 그 기쁨을 나눌 수 있기를 간절히 바라며.

- 영어책, 처음 읽는다면? -

1. 이해하고 싶은 만큼이 아니라 이해되는 만큼 읽자

글을 모두 해석하려 하지 말고 글자를 그림처럼 보며 책장을 넘기자.

2. 이상형을 찾기 위해 최소한 세 번 이상 소개팅하자

나의 수준과 취향에 맞는 책을 찾기 위해 세 권 이상 도전해 보자.

3. 게임을 즐기기 위해 아이템은 선택이 아니라 필수이다

오디오 북, 전자책, 번역서를 동원해 다양한 방법으로 원서를 읽자.

4. 취미를 꾸준히 하려면 동호회에 가입하자

영어책을 혼자서 읽기 힘들다면 북클럽에 가입해 보자.

5. 무조건 치트키 쓰지 말자

모르는 단어를 사전에서 찾기보다 맥락 속에서 의미를 유추하며 읽자.

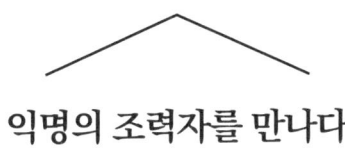

익명의 조력자를 만나다

토니

 불처럼 활활 타올랐다가 찬물 한 바가지에 냉큼 꺼질 의지를 가진 자가 바로 나다. 작심삼일까지는 아니고 작심 한 달이 평균이다. 영어 공부를 하면서도 항상 작심 한 달이었다. 그래서인지 얼떨결에 북클럽에 가입했을 때도 별 기대를 하지 않았다. 서너 번의 실패로 회의에 빠져서인지 나의 의지는 활활 타오르는 대신 그저 작은 촛불처럼 일렁거릴 뿐이었다. 작심 한 달을 넘어 꾸준히 원서를 읽게 될 줄은 꿈에도 몰랐다.

 북클럽에서 익명의 사람들과 원서를 읽는 게 나에게 어떤 영향을 미쳤던 것일까? 마술처럼 이상한 힘에 꾀인 듯 원서를 읽어 나갔다. 더는 작심 한 달을 두려워하지 않는다. 평생 즐길 취미를 찾았다는 생각에 흡족하다. 중간중간 찬물이 한 바가지씩 쏟아지기도 하지만 꺼지는가 싶던 촛불은 늘 되살아나 따뜻하게 일렁인다. 작지만 단단한 의지가 촛불에 담겨 있다.

 북클럽에서 처음 원서를 무작정 읽기 시작했을 때는 찬물에 연거

푸 타격을 당하는 기분이었다. 제일 먼저 온 타격은 나의 영어 실력과 관련이 있을 수밖에 없다. 처음에는 내 수준으로도 영어 소설 읽기가 가능하다는 것을 알고 정말 신이 났다. 이야기마저 재미있어 책장이 술술 넘어갔다. 그런데 아무리 머리를 굴려 봐도 해석이 잘되지 않는 문장이 하나씩 나타났다. 답답하지만 해결할 방법이 없어서 이해하지 못한 채 다음 문장을 따라갔다. 어쨌든 책의 마지막 장을 덮고 나자 첫 완독이 주는 환희에 마음이 벅찼다. 그러나 곧바로 심란해졌다. 이해하지 못하고 쌓아 둔 문장들이 내내 궁금했다. 완독했다고 말하지만 과연 완독한 게 맞느냐는 생각이 들었다. 책을 건성으로 읽어서 찜찜했다. 원서 읽기를 통해 영어 실력이 얼마나 향상될 수 있을지 의문이었다. 반신반의하면서 원서를 계속 읽어 나가긴 했지만 혼란이 쉽게 사라지지 않았다.

  북클럽에서 책을 읽을 때 고민하게 되는 또 다른 문제는 바로 책 선정이다. 북클럽에서 고른 책이 마음에 들지 않는 경우가 있다. 딱히 끌리지 않는 책을 한 달 동안 잡고 있을 때면 시간 낭비를 하고 있다는 생각이 든다. 책과 별개로 소모임의 분위기가 나의 성향과 맞지 않을 때가 있다. 분위기가 아주 활발해서 카카오톡 메시지가 끊임없이 울리는 소모임도 있고, 반대로 너무 조용해서 책을 읽고자 하는 동기부여가 덜 되는 소모임도 있다. 북클럽 멤버에게 주어진 선택지가 몇 개 되지 않기 때문에 어떤 소모임을 만날지 알 수 없다. 때로는 기대치 않게 운명적인 책을 만나거나 나에게 선한 영향력을 행사하는 익명의 사람을 만나기도 한다.

  원서 한 권을 읽는 게 쉽지 않다. 답답하고, 짜증나고, 끌려가는 기분이다. 혼란이 마음을 들쑤신다. 그런데도 원서를 계속 읽는 건 북클럽 때문이다. 남들이 읽으니까 따라 읽는다. 원서를 오랫동안 읽어 온 실력 있는 멤버를 보면서 희망을 품는다. 나도 원서를 꾸준히 읽다 보면 고수가 될 것이라는 믿음이 생긴다. 나와 같은 처지의 멤버를 만나면 반가운 마음이 앞선다. 나만 힘든 게 아니라는 생각에 위로가 된다.

북클럽이 효과를 발휘하는 또 다른 이유는 바로 승부욕이다. 10명에서 20명가량의 멤버가 함께 출발선에 선다. 낙오자로 찍히고 싶지 않다는 마음이 강렬해진다. 가는 길에 찬물 한 바가지가 쏟아져도 포기하지 않고 결승선에 서고 싶다. 완독하는 멤버가 하나둘 늘어나면 나도 얼른 완독 명단에 이름을 올리고 싶다.

북클럽에서 완독만큼 중요한 게 인증이다. 한 달에 20번 인증하는 규칙이 나를 변화시켰다. 게으르고 즉흥적이어서 규칙적인 삶과 거리가 먼 내게 일과가 생긴 것이다. 어떤 날은 1시간 이상, 어떤 날은 10분가량 책을 읽는 게 전부이지만 매일 책 읽는 습관이 완독에 다다르게 한다. 한 달 동안 조각조각 모은 시간이 책 사이에 빼곡하게 쌓여 있다.

북클럽은 완독을 위한 기술적 장치이지만 정서적인 면에서도 효과를 발휘한다. 인증을 미루고 싶은 날 누군가의 인증 메시지를 보게 되면 나도 스르륵 책을 펼치게 된다. 각자 묵묵히 책을 읽으며 올리는 인증은 나를 위한 것이자 책을 함께 읽고 있는 멤버들을 향한 응원이기도 하다. 인증과 더불어 책 이야기를 나눈다. 책 말고 사는 이야기를 전할 때도 있다. 익명의 멤버들과 나누는 정서적인 교감이 생각보다 진하다.

  북클럽에서 책을 읽은 지 2년이 다 되어 간다. 원서를 읽을 때 어려운 문장을 만나면 여전히 어리둥절하다. 그러나 예전처럼 답답해하지 않는다. 내가 소화할 수 있는 만큼만 얻어도 만족스럽다. 책을 읽는 동안 웃고, 울고, 고민하고, 성찰했다면 그걸로 충분하다. 애당초 목표였던 영어 실력은 좀 늘었을까? 어휘력이 향상되어서 미국 드라마를 볼 때 예전보다 더 잘 알아듣는다. 말하기 실력은 아직 들쑥날쑥하다. 어떤 날은 영어 말하기가 유창하다가 또 어떤 날은 머리가 먹통이 돼서 횡설수설한다. 북클럽 책 선정과 소모임에도 이제는 불만이 없다. 모험을 떠나는 마음으로 참여한다.

  원서를 읽고 싶은 모든 사람에게 북클럽이라는 장치가 필요한 것은 아니다. 모든 배움이 그러하듯 원서 읽기 역시 시작이 막연하다. 많은 시간과 노력을 투자해 나에게 적합한 최고의 방법을 찾아야 한다. 길고 힘든 여정에서 실패와 좌절이 몇 번이고 찾아온다. 이때 필요한 것이 끝까지 나를 응원해 줄 조력자이다. 각자 다른 방식으로 묵묵하게 원서를 읽고 있는 북클럽 사람들, 우리가 바로 조력자이다. 서로 다른 목표를 가진 채 저만의 고충을 혹은 낭만을 담아 책을 읽고 있는 우리라는 존재가 촛불을 밝혀 주는 힘이다. 작지만 단단한 의지를 담은 촛불이 하나둘 켜지길 소망한다.

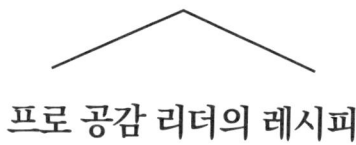

프로 공감 리더의 레시피

너란아이

    나는 어릴 적부터 잡다한 일에 관심이 많았다. 재미있는 것들이 많아 깊이 있게 하나를 공부하기보다는 얕고 넓게 두루 살피는 스타일이다.

    음악을 들어도 발라드부터 락까지 다 들어 봐야 했고, 아이들을 키울 때도 여러 가지 활동들을 하면서 나 자신의 흥을 따라 아이들과 움직이기도 했다.

    하지만 한 가지 일에 빠지면 그게 무엇이든 오랜 시간 몰두하기도 했다. 성인이 되어 만난 북클럽이 내게는 다 이루지 못한 몰두의 공간이었다.

    2022년 1월이니까 작년 겨울 적당하게 추운 날이었다. 내 친구와 나는 육아의 시기가 달라 서로 만나기가 쉽지 않아 설이나 추석이 되면 함께 살던 동네에서 만나곤 했다. 그날은 차를 타고 계양산 어귀에 있는 분위기 좋은 커피숍에 갔다. 일을 새로 시작한 나와 오랜 경력을 가지고 있는 그녀와의 대화는 밤이 되도록 끝나지 않았다.

그러다 갑자기 그녀가 물었다.

- 너 북클럽에 들어올래?
- 북클럽? 그게 뭔데?

그 길로 북클럽에 입문한 나는 미치도록 몰입했다. 오프라인이 아닌 온라인에서 이렇게 많은 사람들을 만나는 것도 신기했다. 매달 책을 사는 것도 너무 좋았고 함께 읽고 나누는 작업도 너무 신기하고 좋았다. 그렇게 몇 달 만에 북클럽 리더가 되었다.

원서 독서 클럽의 일원으로 리딩을 하다 보면 많은 질문들이 오고 간다. 시작하는 리더님들이 매달 있기 때문에 인증하는 방법부터 낭독을 하는 방법, 단어를 외우는 방법 등은 리딩방의 단골 질문이다. 그리고 영어에 대한 진심이 담긴 단상들과 제안도 서슴없이 나온다. "영어에 콤플렉스가 있어요." "10년을 넘게 했는데도 늘지 않는 게 참 속상해요." "가끔은 말하지 못해 답답한 감정들에 억울한 적도 있어요." "늘지 않는다는 생각에 지칠 때도 있어요." 등 누구나 고민해 봤을 만한 상황들을 함께 나누다 보면 나만 그런 건 아니구나 하며 다시 힘을 얻는다. 이럴 때는 차라리 정답을 드리고 싶다. 문제집 뒷부분을 차지하고 있는 답안지처럼 말이다.

사람들은 나를 프로 공감 리더라고 한다. 편하고 쉽게 다가갈 품을 내주고 고급지지 않은 수준의 영어를 구사해서 그런지 내가 운영하는 방에서는 늘 질문이 많다. 영어를 잘하는 사람들은 모르는 부분도 어디가 가려운지 금방 눈에 들어온다. 어느 부분에서 어려움을 겪고 있는지 느낌으로 안다. 긴 공백을 깨고 다시 시작한 내가 먼저 지나왔던 작고 힘든 과정들을 함께하시는 분들이 똑같이 겪고 있기 때문이다.

나에게 무슨 특별한 능력이 있어서 공감 리더가 아니다. 육아라는 작은 재능 속에서 탄생한 엄마라는 이름의 특별한 능력과 기회가 결합된 결과다. 공감이라는 작은 재능이 지금의 나를 만들었다.

블렌딩 커피를 아는가?

최초의 블렌딩 커피는 인도네시아 자바 커피와 에티오피아 모카, 예멘 커피를 섞은 모카 자바라는 커피다. 블렌딩을 하면 좋은 게 완벽하지 않은 커피들이 조금씩 섞여 향과 맛을 증대시켜 준다.

나와 함께하는 사람들은 나의 부족함도 깊은 향으로 만드는 사람들이다. 그들과 함께함으로써 더 깊고 풍부한 향의 커피가 된다. 이리 재고 저리 재지 않는다. 나도 모르게 사람들에게 젖어 든다. 내가 아이들을 사랑하면 아이들이 사랑으로 성장하듯 누군가를 사랑하는 마음은 온라인일지라도 전달된다.

우리는 누구나 프로 공감 리더가 될 수 있다.

리더는 지적 능력만으로 되는 것이 아니다.

사람들과 함께하고자 하는 마음, 내가 더 주고도 기꺼이 그 과정에서 즐거움을 얻는 사람이다.

나는 북클럽을 블렌딩하고 싶다. 서로의 부족한 부분을 조금씩 섞어 더 깊고 좋은 향을 내는 커피가 되듯 서로의 약한 부분들을 조금씩 나누어 하나가 됨으로써 더 진한 향기가 될 수 있도록 말이다.

잉글리시 북 카페

하루 고요한 시간

　EBS 라디오 방송에서 내가 가장 좋아하는 프로그램은 〈잉글리시 북 카페〉였다. 진행자 두 명이 원서를 영어와 한글로 읽어 주었다. 남자 진행자의 목소리는 생동감이 넘쳤다. 영어와 한국어 모두 유창한 여자 진행자의 목소리는 부드럽고 우아했다. 문학 작품을 대화체로 각색하여 영어로 들려주었다. 청취자의 이해를 돕기 위해서인지 내레이션은 우리말로 흘러나왔다. 진행자의 뛰어난 연기력과 절묘한 효과음 덕분에 영어 소설 속으로 푹 빠져들었다. 대략 일주일에 책 한 권을 들려주었다. 고정된 라디오 주파수에서 들려주는 책을 들으며 잠자리에 들곤 했다. 영어가 이렇게 달콤하게 들릴 일인가? 고전이 이렇게 재미있다고?

　2000년대 후반의 '라떼는' 이야기다. 〈잉글리시 북 카페〉는 종영된 지 오래지만 오디오 북을 사랑하게 만들어 준 프로그램이다. 나는 여전히 영어를 공부한다. 스마트폰에 받은 오디오 북 어플리케이션은 세 개. 유튜브에서 세계 각지의 북러버들이 올려 둔 무료 오디오 북도 쉽게 들을 수 있다. 오디오 북 덕에 성우의 감정선을 따라 한 편의 영화를 보는 것처럼 책 읽기를 즐길 수 있게 되었다. 그래서일까? 혼자 하는 행위라고 생각할 수 있는 책 읽기가 언젠가부터 함께 감동을 나누는 예술의 영역으로 자리 잡았다. 한 장씩 책장을 넘길 때마다 활자 그 이상의 세계가 열린다. 차곡차곡 쌓인 종이 더미를 펼치면 열리는 세상, 그곳에서 나는 혼자가 아니다. 내게 말을 걸어오는 이가 있다. 이야기를 털어놓는 작가를 마주한다. 자기는 이런 사람이라고 이력을 늘어놓거나 자산(출간 도서)을 펼쳐 보인다. 어떤 이는 철저히 숨기려고 나처럼 매번 다른 닉네임을 쓰기도 할 테지. '작가의 말'을 지나면 소설의 캐릭터가 하나둘 등장한다. 할 말이 많아서 자주 등장하는 이도 있고 할 말이 있어도 삭이고 마는 이도 있다. 등장하다 숨어 버리는 이를 모른 척 찾아가 말을 걸면 그제야 자기 이야기를 풀어놓는다. 그리고 이 모든 이야기를 들려주는 오디오 북 성우가 있다.

원서를 함께 읽는 북클럽에 들어가면서 이 세상은 몇 배나 더 커지고 시끌벅적해졌다. 북클럽 멤버들과 한 달에 한 권의 책을 읽는다. 단톡방에 모여 매일 읽는 분량과 감상을 공유한다. 혼자 읽어도 충분히 재미있지만 단톡방에서 단상을 나누면 더 재밌다. 소정의 참가비를 받는 북클럽에 가입한 이유다. 완독하면 페이백이 있으니 실질적인 참가비는 내가 좋아하는 바닐라라떼 한 잔 값이다. 커피 한 잔 가격에 완독의 성취감을 느낄 수 있다. 오래전부터 영어책을 읽긴 했지만 완독하는 경우는 많지 않았다. 읽고 싶던 책이더라도 초반에 흥미가 떨어지면 몇 장 읽다 말았다. 소설의 경우는 위기와 절정을 지나면 더 기대되는 이야기가 없을 거라고 짐작하고 중간에 덮었다. 책을 이해하기 어렵다고 생각할 때도 마찬가지였다. 한 발 더 가 보려는 노력보다는 나에게 편한 지점에서 머물고 말았다.

  북클럽에 가입한 초반에 가장 좋았던 건 완독하는 책이 쌓인다는 것이었다. '책의 80%만 읽어도 거의 다 읽은 거나 다름없지. 남들이 좋다고 해도 내가 흥미를 못 느끼면 별로인 거잖아.' 이런 생각이 조금씩 변하기 시작했다. 결승선까지 통과하고 나서 보는 풍경은 달랐다. 하마터면 놓칠 뻔했던 20%에 대한 감상은 기대치 않은 선물로 다가오기도 했다.

  북클럽에 가입한 2021년 9월부터 매달 한 번씩 열리는 ZOOM으로 열리는 미팅에 꼬박꼬박 참여한다. 내 마음을 울렸던 책에 대해 사람들과 감동을 나누고 싶어서다. 간혹 재미도 없고 감동이 없는 책을 만나기도 하는데 그럴 때는 내가 책에서 놓친 부분은 뭔지 다른 멤버들은 어떻게 생각하는지 의견을 듣는다. 책을 완벽하게 읽지 않았어도 ZOOM 미팅에서 마음껏 이야기를 나눌 수 있다. 적게는 서너 명, 많게는 열 명 이상이 함께한다. 멤버의 구성이나 진행 방식도 매번 다르다. 미리 토론 거리를 정하거나 책의 주요 부분을 발췌하여 감상을 나눈다. 멤버들의 다양한 삶이 책 내용을 빌어 전해진다. 공감할 수 없던 작가의 의도와 등장인물의 행동과 심리를 다른 시선에서 바라볼 수 있다. 내가 잘 이해하지 못했던 부분에 대한 답을 얻기도 한다. 나의 발언이 점수로 매겨지지 않기에 자유롭게 생각을 나누며 즐거움을 누릴 수 있다. 매번 시간을 할애하여 ZOOM 미팅에 참여하는 이유다.

에밀리 브론테의 《폭풍의 언덕Wuthering Heights》을 읽을 때였다. 단톡방 멤버들 저마다 책을 읽게 된 계기와 책에 대한 추억을 나누던 중 한 명이 대학 시절 영어 연극을 했던 적이 있다고 말했다. 그러자 누군가가 우리도 한번 해 보자고 제안했다. 각자 각본과 편집, 배역을 정하며 신나 했다. 대단한 연습과 분장이 필요하지 않았다. 약속한 날에 돌아가며 20여 분가량 대본을 읽는 게 전부였다. 분장 대신 ZOOM의 꾸미기 기능을 활용하여 얼굴에 콧수염을 달고 대기하고 있는 멤버를 보고 어찌 정이 가지 않을 수 있으랴. 각자 어릴 때 학예회에서 긴장되고 즐거웠던 경험, 대학 시절 연극부 추억과 그 시절을 함께한 친구와 선후배들이 자동으로 소환되지 않았을까? EBS 라디오 방송에서 영어 소설을 읽어 주던 진행자처럼 내가 등장인물이 되어 미니 연극무대를 꾸며 본 경험은 오래도록 기억에 남을 것이다.

　　어린 아이들을 돌보며 책을 읽는 엄마 멤버들도 있어서 ZOOM 미팅마다 등장하는 꼬마 손님들이 있다. 그중 우리 딸은 단골이다.

- 엄마도 친구들하고 책 읽네.
- 엄마 친구들하고 컴퓨터로 얘기하네.
- 엄마 재밌어? 왜 이렇게 웃어?

　　궁금해하며 내 무릎에 앉아 화면에 같이 얼굴을 비춘다. 미리 재운다고 일찍 재운 아이가 깨서 울면 몇 번을 들락거리다 어쩔 수 없이 안녕을 고하고 화면에서 사라지는 멤버도 있다. 그럴 땐 못다 한 수다가 어찌나 아쉬운지. 아직 식지 않은 커피를 두고 급한 일로 먼저 일어서는 친구를 보내는 기분이다. 여성 멤버가 다수인 북클럽에 어쩌다 남성 멤버가 참여하면 성별에 따라 다른 입장을 듣는 이로움도 있다. 서울, 부산, 제주는 물론 미국과 독일에서 함께하는 멤버들도 있다. 지역을 불문하고 모여 나누는 서로의 목소리에 쫑긋 귀를 기울인다.

  코로나 집콕 시기를 유익하고 유쾌하게 보낸 비결이 북클럽이다. 내 삶에서 큰 지분을 차지하는 영어와 책 그리고 사람이 있는 곳. 북클럽에서 책을 읽기 시작한 뒤부터 완독의 의미가 새롭게 다가왔다. 이제 내게 완독은 1/3 세 개가 모여 1을 완성하는 의미다. 책 한 권을 읽고 덮는 보람, 사람을 통해 미처 해소되지 않았던 갈증을 해소하고 나누는 감동, 다시 책을 펼쳐 감상을 마무리 짓고 여운을 날리는 것까지 모여 1이 된다. 그 1의 크기는 결코 가늠할 수 없다.

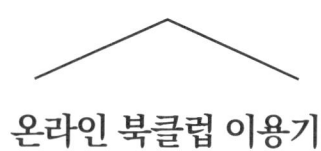

온라인 북클럽 이용기

앤마리

일요일 아침 6시 반, 알람이 울린다. 미라클 모닝은 미저러블 모닝으로 끝날 때가 많지만 일요일 아침에는 벌떡 일어난다. 북클럽 모임이 있는 날이기 때문이다. 책을 잘 읽었다는 확인 도장을 받는 날이다. 학교 다닐 때도 숙제는 꼬박꼬박 했다. 친구들 앞에서 창피당하고 싶지 않아서. 지금도 게으른 완벽주의자여서 맡겨진 일은 끝내려고 애쓴다.

세상에는 재미난 것이 참 많다. 소파에 앉으면 TV가 보고 싶고, 자려고 누우면 휴대폰이 나를 유혹한다. 나는 이런 유혹에 매몰차게 돌아서지 못한 채 이대로 게으름의 노예가 되고 싶지 않았다. 그리고 책을 고를 때 편식이 심해서 다양한 책을 접해 보고 싶었다. 그러다 보니 매주 모이는 책 읽기 모임에 들어가 책 읽는 습관을 만들기로 했다.

처음에는 매주 한 권을 읽는 것도 버거웠다. 그리고 책을 읽으려면 토요일에 사람들을 만나 술 한잔을 하거나 TV를 몰아 보던, 나의 달콤한 주말이 희생되어야 했다. 하지만 주말 하루를 반납한 덕에 책 읽기가 습관이 되었다. 지금은 누가 "책 읽을래? 다른 거 할래?"라고 물으면 책 읽기를 선택하게 된다. 책 읽기 모임을 나간 지 5년 정도 되었다. 내 삶의 퍼즐에 가까스로 끼워 넣은 피스 덕에 오히려 삶의 안정이 찾아왔다. 책을 읽고 생각을 나누는 시간이 기다려진다.

올 초 원서를 읽어 보기로 마음먹었다. 책 읽기가 일상이 되면서 자연스럽게 원서도 읽어 보고 싶다는 생각이 들었기 때문이다. 번역서를 읽다 보면 미묘한 삐걱거림이 느껴졌다. 번역하는 과정에서 말이 힘을 잃는다고 해야 할까? 때로는 과하게 의역되어 부담스럽기도 하다. 그래도 요즘 번역서들은 예전에 비하면 자연스러워졌고 어떤 책은 번역이 너무 자연스럽게 잘돼서 감탄하기도 한다. 소설처럼 묘사가 중요한 글에서는 어떤 단어로 번역하는지에 따라 그 분위기가 바뀔 수 있다. 문화의 개별성을 해치지 않고, 보편적인 공감대를 살리면서 글을 다른 언어로 바꾸는 것은 결코 쉽지 않은 작업이다. 이러한 이유로 누군가의 손을 거치지 않은 원석을 읽어 보고 싶었다. 필터링되지 않은 작가의 글을 만나고 싶었다.

나는 게을러서 결심하고 실행하기까지 시간이 꽤 걸린다. 마음먹고 행동으로 바로 옮기는 사람들이 그저 부러울 뿐이다. 원서 읽기를 습관으로 이끌어 줄 마법의 고리를 찾다가 네이버 리북스 카페를 발견했다. 리북스 카페는 영어 원서를 즐겨 읽는 사람들이 모인 카페이다. 같은 흥미를 가진 사람들이 모인 곳에 가면 뭐라도 주워 담을 수 있을 것 같았다. 어떤 식으로 운영되는지를 모르니 우선 한 달

시범 삼아 참여해 보기로 했다. 리북스 북클럽의 운영 방식이 누구의 아이디어인지 모르지만 참신하다고 생각했다. 혹시나 북클럽이 어떤 방식으로 운영되는지 궁금한 분들을 위해 여기 옮겨 본다.

- 리북스 북클럽 사용 설명서 -

1. 책 선택하기
초급부터 고급까지 매달 5~8권 정도의 모임이 열린다. 리더님이 올려 주신 책 소개를 보고 나의 수준과 관심사에 맞춰서 책을 선택할 수 있다. 책 읽기를 이끌어 줄 리더들도 특색이 있으니 선택하는 재미가 있다. 한 달에 한 권만 읽어도 되고, 시간과 여력이 된다면 두세 권 읽어도 된다. 새로운 책이 나올 때가 되면 책 라인업이 은근히 기대된다.

2. 인증 방식
한 달에 20회 인증이 의무이다. 리더님이 초대한 단톡방에서 녹음, 필사, 단어장 등으로 책을 읽었다는 것을 보여 줄 독서 인증을 해야 한다. 개인 일정이 생기더라도 어디에서든 시간 내서 인증할 수 있으니 문제가 되지 않는다. 나 또한 여행 일정이 잡혔을 때 원서를 챙기는 것이 습관이 되었다. 나처럼 유혹에 취약하고, 포기하기 쉬운 사람이라면 이러한 인증 체제가 도움이 된다.

3. 참가비
참가비는 2만 원이다. 월말까지 인증 20회를 채우고 책을 완독하면 참가비의 절반인 1만 원을 페이백으로 되돌려준다. 책은 내가 읽는

데, 참가비는 왜 필요할까 싶겠지만 중도 포기를 막기 위한 장치이다. 비록 커피 두 잔 값이지만 나의 노력의 결과이기 때문에 더 노력하게 만든다.

4. 함께 읽기

한국어 책과 달리 원서를 읽을 때는 함께 읽는 것을 추천한다. 영어 원서를 읽을 때 사람들은 어렵거나 이해하기 힘들어지면 포기하는 경우가 많기 때문이다. 각자 인증을 하지만 다른 사람이 올리는 인증을 보면서 나도 해야 한다는 의무감이 자발적으로 생긴다. 그리고 다른 사람들과 책에 대한 의견을 나누면서 책에 대한 흥미가 생겨서 책 내용에 좀 더 집중하게 된다. 그리고 이러한 세부적인 것들이 별것 아닌 것 같지만 실제로 완독률을 높여 준다.

북클럽에 참여하면서 나는 원서 읽기를 일회성 이벤트가 아닌 나의 루틴으로 만들었다. "혼자 가면 빨리 가지만 함께 가면 멀리 간다." 나 또한 혼자였다면 금방 포기했을 것이다. 어려워도 함께하는 사람들이 있었기 때문에 포기하지 않았다. 그런 의미에서 북클럽은 나에게 '함께'의 힘을 보여 준 곳이다.

북클럽 가입하기

혼자 읽기 힘들면 함께 읽어요

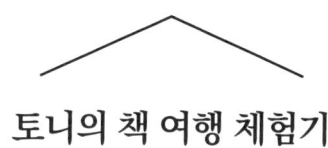

토니의 책 여행 체험기

토니

'토니의 책 여행'이라는 간판을 달고 북클럽 멤버들과 책을 읽은 지 1년째다. 여행사처럼 여행할 책을 선정하고 회원을 모집하지만 미리 여행 일정을 제공하지 않는다. 토니와 떠나는 책 여행은 즉흥적이고 제멋대로이다. 사전 답사를 하지 않고 출발하는 경우가 많다. 책에 무슨 이야깃거리가 있는지 알 수 없는 상태에서 호기심만 가지고 여행을 떠나는 건 멤버들이나 진행자인 나나 매한가지이다. 여행하는 한 달 동안 무슨 일이 일어날지 알 수 없다.

'토니의 책 여행'에서 읽은 책은 다음과 같다. 레이먼드 카버의 《대성당 Cathedral》, 에이미 탄의 《조이력 클럽 The Joy Luck Club》, 기시미 이치로와 고가 후미타케의 《미움받을 용기 2 The Courage to Be Happy》, 보니 가머스의 《레슨 인 케미스트리 Lessons in Chemistry》, 프레드릭 배크만의 《불안한 사람들 Anxious People》, 리사 시의 《해녀들의 섬 The Island of Sea Women》, 에밀 아자르의 《자기 앞의 생 The Life Before Us》, 베티 스미스의 《나를 있게 한 모든 것들 A Tree Grows in Brooklyn》, 존 스타인벡의 《생쥐와 인간 Of Mice and Men》을 읽었고, 현재는 존 스타인벡의 또 다른 책 《분노의 포도 The Grapes of Wrath》로 여행을 떠나 있다. 1900년대 초부터 현대에 이르기까지 미국, 중국, 일본, 스웨덴, 프랑스, 한국 등 다양한 나라에 다녀왔다. 영어가 원서인 책과 영어로 번역된 책까지 스토리가 흥미롭다면 어디든 떠났다.

여행지가 선정되고 멤버들이 단톡방에 모이면 일단 분위기를 살펴보고 운영 방식을 결정한다. 적극적으로 대화에 참여하는 멤버가 많다면 책과 관련된 질문을 자주 한다. 반대로 조용하게 책 읽는 방식을 선호하는 멤버가 다수라면 대화를 자제한다. 책에 대한 애정도에 따라서도 여행 분위기가 달라진다. 첫 줄만 읽어도 느낌이 오는 책이 있다. 그러면 나와 멤버들의 활동이 적극적일 수밖에 없다.

책도, 분위기도 최고였던 《불안한 사람들 Anxious People》에서 책 여행이 어떻게 진행되었는지 소개해 보겠다. 《불안한 사람들 Anxious People》은 전작 《오베라는 남자 A Man Called Ove》로 돌풍을 이끈 프레드릭 배크만의 소설인 점에서, 또한 누구나 가지고 있는 불안을 소재로 한 점에서 멤버들의 반응이 좋았다. 20명의 멤버가 여행에 참여했다. 먼저 여행 출발에 앞서 불안 지수 자가 진단을 해 보았다. 불안이 없는 상태인 0에서부터 최고인 10을 기준으로 각자 불안 지수를 측정했다. 또한 자신을 가장 불안하게 하는 게 무엇인지 진단했다. 2와 8이 나온 소수의 멤버를 제외하면 대부분 5~7 정도의 불안을 느끼고 있다고 대답했다. 우리를 불안하게 하는 요소는 건강, 가족, 일 등으로 비슷했다.

책 초반에 행복한 척, 괜찮은 척하며 사는 현대인을 지적한 대목이 나왔다. 그래서 무슨 척하며 살고 있는지 질문을 던져 봤다. 착한 척, 고상한 척, 괜찮은 척, 안 바쁜 척, 차가운 척, 관심 없는 척, 별일 없는 척, 슈퍼우먼인 척, 열심히 사는 척, 영어 잘하는 척, 잘하고 있는 척, 원서 좀 아는 척, 화가 안 풀린 척 등등 여러 가지 '척'들이 쏟아졌다. '척'이라도 하면 바라는 바가 이루어지지 않겠냐는 소망을 담은 채 '척'하며 살고 있다는 공통점이 위안으로 다가왔다.

  등장인물이 소개되면서 다양한 이야기가 펼쳐지는 가운데, 어른이 되고 가족을 이루고 부모가 된다는 것에 대해 생각해 봤다. 어쩌다 보니 어른이 되어 가족을 이루고 사는데 이런 우리가 서툴게만 느껴진다. "어른이란 무엇일까?" "어른으로 사는 우리의 삶이 어떠한가?"에 대해 이야기를 나누었다. 어른으로서 책임의 무게를 지고 노력과 인내를 감내하며 살고 있지만 과연 나를 올바른 어른이라고 말할 수 있는지 성찰하는 시간이었다.

  불안 때문에 공황장애를 겪고 있는 등장인물의 사연을 읽을 때는 각자 어떤 불안 증세를 가지고 있는지 공유했다. 두통, 불면, 이명, 체함, 홍조, 편두통, 속쓰림, 역류성 식도염, 급격한 심장 박동, 예민한 장 트러블 등 멤버들의 다양한 고백이 이어졌다. 불안과 긴장이 높아지면 신체 증상이 동반된다는 점에서 동병상련을 느꼈다.

  책 중반부를 넘어서자 숨겨져 있던 등장인물들의 사연이 하나둘씩 드러났다. 코믹 미스터리를 염두에 두고 썼다는 작가의 말처럼 책을 읽는 동안 울다가 웃다가 야단법석을 떨었다. 등장인물의 처지가 우리와 비슷하다며 공감했다. 마지막 장을 덮으며 작가의 메시지가 무엇인지 되짚어 봤다. 지금 모습 그대로 살아가도 괜찮다는 작가의 말이 귀에 들리는 듯했다.

- 내일은 오늘보다 더 나을 거야.
- 나만 힘든 게 아니었어.
- 괜찮아, 넌 지금 잘하고 있어!
- 너 자신을 믿어.
- 너의 잘못이 아니야.
- 이번 생은 우리 모두 처음이라.
- 사랑으로 모두 극복할 수 있어.
- 우리 모두 불완전하니 불안해하지 말자.
- 완벽한 엄마는 필요 없어. 운전기사면 돼.
- 너만 그런 거 아니야, 나도 그래.

책을 읽고 난 후 우리의 불안이 줄어들었을까? 다시 한번 불안 지수를 측정해 봤다. 대답이 흥미로웠다. 불안 지수가 내려간 사람만 있는 건 아니었다. 그대로인 멤버도, 오히려 불안 지수가 올라간 멤버도 있었다. 삶이 변화무쌍하듯 우리의 불안도 왔다 갔다 춤을 추지만 모두 이 책이 불안 가운데 위안이 되었다고 말했다.

책 읽기가 끝나면 ZOOM 미팅을 한다. 단톡방에서 나누던 대화보다 더 깊은 사색이 오고 가는 시간이다. 구글에서 검색한 자료나 내가 궁금했던 점을 바탕으로 사전 질문지를 작성한다. 두 시간 동안 토론하지만 시간이 금세 가므로 이야기가 딴 길로 새지 않도록 주의한다. 모두가 동등하게 발언의 기회를 가질 수 있도록 신경 쓰며 토론을 진행한다. 《불안한 사람들 Anxious People》에서 내가 뽑은 질문은 다음과 같다.

- 우리는 모두 'Idiot'일까요?
- 다리가 상징하는 것은 무엇일까요?
- 책을 통해 깨달은 점이 있다면 무엇인가요?
- 코믹 미스터리를 표방한 이 책이 진심으로 웃겼나요?
- 멤버님과 배우자는 어떤 방식으로 나무를 타고 있나요?
- 가장 마음이 쓰였던 캐릭터 혹은 나와 닮은 캐릭터는 누구인가요?
- 우리는 부모로서 사회적 잣대에서 얼마나 자유로울 수 있을까요?
- 10년 동안 쪽지를 간직한 채 열어 보지 않은 자라를 이해할 수 있나요?
- 애나 레나와 로저 부부는 왜 마음에도 없는 프로젝트를 계속하고 있던 것일까요?
- 짐과 잭의 관계를 통해 부모 세대와 자녀 세대의 차이점에 관해 이야기해 봅시다.
- 짐과 잭 그리고 잭의 엄마가 인생의 목표로 삼은 이타심. 이타심이란 타고나는 것일까요?

    질문과 관련된 발췌문을 미리 나눠 준다. 질문지를 받으면 당장 아무 생각이 떠오르지 않고 ZOOM 미팅에 참여하는 것이 망설여진다. 질문지를 만든 나 역시 궁금증만 가득하고 머릿속이 하얗다. 그러나 막상 ZOOM 미팅이 시작되면 혼자 책을 읽을 때 잘 이해되지 않았던 부분들이 명료해지면서 타인의 시선으로 한 번 더 책을 읽는 경험을 하게 된다. 또한 잠재해 있던 생각들이 무의식에서 불쑥 튀어나와 놀라기도 한다. 멤버들이 하는 이야기를 듣다 보면 이런 기적 같은 일이 저절로 일어난다. 그러니 독서 토론에 참여할 때는 열린 마음 딱 하나만 준비하면 된다.

    ZOOM 미팅을 끝으로 여행단은 해산한다. 여행 동지들은 닉네임으로만 존재한다. 그렇기에 모두가 자유롭다. 어떤 척도 할 필요가 없다. 솔직하게 감정과 의견을 나눌 수 있는 흔치 않은 공간이다. 현실에서 잠시 벗어나 책 읽는 시간을 공유하던 우리에게는 이별 역시 깔끔하다. 그동안 즐거웠다는 말로 작별을 고하며 방을 퇴장한다. 제멋대로 여행을 꾸려 나가던 나는 그제야 안도의 한숨을 내쉴 수 있다. 우리의 여행담을 나누며 이 글을 마무리한다. 함께 책 여행을 하는 이유가 바로 여기에 있다. 생생한 후기가 실시간으로 올라오는 북클럽에 당신을 초대한다.

- 저도 슬프지 않은데 눈물이 찔찔 나대요.... 여운이 아직 있답니다.
- 어떤 심리학책보다 더 위로되고, 타인을 이해하는 좋은 글인 것 같아요.
- 책 자체가 블랙코미디 느낌이면서도 마음을 뭉클하게 하는 뭔가가 있네요!
- 끝인 줄 알았는데 반전에 반전이.... 최근에 읽은 책 중 가장 재밌게 읽었어요.
- 저는 여기서 울컥했어요. 왠지 저한테 해 주는 위로 같아서 눈물이 나더라고요....
- 완독이요. 반전들이 많고 이야기 구성이 탄탄하네요. 미용실에서 눈물 흘릴 뻔요.
- 제가 이렇게 눈물 많은 여자인지 몰랐네요. ㅋㅋ 지하철에서는 읽지 말아야겠어요.
- 따뜻한 이야기네요. 읽기 좋았어요. 넷플릭스에서 드라마로 잠깐 봤는데 계속 보고 싶네요.
- 왜 마지막 부분에서 눈물이 났는지 완전히 공감하면서 저도 화창한 늦봄 낮에 눈물 떨구는 중입니다.
- 실수해도 괜찮고, 불안해도 괜찮고, 완벽하지 않은 게 당연한, 사랑이 필요한 사람들. 바로 우리를 위한 이야기 같아서 흐뭇하게 봤습니다.

- 심리학 인문서를 읽은 듯한 깨달음과 소설의 등장인물들이 주는 진한 여운으로 한동안 다른 책이 잡히지 않는 부작용이 있네요. 좋은 경험이었습니다.
- 나의 불안감을 등장인물들처럼 밖으로 꺼내고 싶어요. 처음에는 범인의 방 탈출 게임 같은 내용인가 싶었는데 우리 인생사 모든 것이 담겨 있는 느낌을 받았어요.
- 위로와 격려를 해 주지만 홀가분하지 않은 이유는 어쩔 수 없는 삶의 무게 때문일까요. 지금껏 너무 내 이야기만 하고 살았어요. 주인공처럼 진심으로 누군가의 이야기를 들어 보고 싶어요.
- 기대보다 좋았던 작품입니다. 너무 오그라들지 않으면서 힐링을 주어서 좋았어요. 나만 불안하고 서툰 게 아니구나. 책 속에서뿐만 아니라, 이곳에서 함께 소통하며 더 큰 공감과 힐링을 얻을 수 있었습니다. 감사합니다.
- 어쩜 모든 인질이 하나같이 다들 이렇게나 무례하고, 이기적이고, 바보 같은지 화가 났어요^^;;; 하지만 마지막에서 각자의 불안과 두려움을 가지고 살아가면서도 은행 강도를 도와주고자 한마음 한뜻으로 뭉쳤다는 것에 따듯한 위로와 배려를 느꼈습니다.
- 처음에는 이 책에 왜 이렇게 은은하게 이상한 사람이 많이 나오나 했습니다. 그런데 읽다 보니 그들의 불편한 모습이 내가 가진 모습의 일부였기에 나중에는 위로를 받았어요. 책을 다 읽고 나서는 작가의 다른 작품과 작품을 바탕으로 한 영화와 드라마도 궁금해지더라고요. 이 책을 골라 주셔서 너무 감사해요!
- '불안을 다스릴 수 있는 걸까?' '불안이란 건 실체가 있는 건가?' '사람들이 무엇 때문에 불안해하는가?' '나의 불안의 근본적 원인은 무엇인가?' 등 여러 의문을 함께 풀어 가 보려고 했습니다. 과연 나는 불안을 얼마나 이해하고 다스릴 수 있는지는 아직 풀지 못한 숙제 같네요.
- 초반에 흩어졌던 퍼즐 조각들이 막바지에 극적으로 제자리를 찾아 한 폭의 그림이 되네요. 너무 결말이 훈훈해서 화날 법도 한데, 추운 날 따스운 코코아로 몸을 데운 느낌입니다. 우리가 알게 모르게 연결된 나름의 이유가

있다고 생각하니까 낯선 사람에게 연민이 느껴지네요. 울림이 있네요. 토니 님, 좋은 책으로 이끌어 주셔서 감사합니다.

북토크

책으로 서로의 생각을 나눠요

(5장)

People
영어책 저 너머 사람들

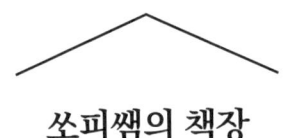

쏘피쌤의 책장

쏘피쌤

거실 한쪽 벽면을 차지한 책장에는 수백 권의 영어책이 꽂혀 있다. 다 읽은 책을 넣어 두는 상자에 보관해 둔 원서들까지 합하면 더 많다. 인터넷 서점에서든 중고 서점에서든 직접 산 것이니 나의 취향이 반영된 컬렉션이다. 책장의 책들을 가만히 살펴보니 소설과 논픽션이 반반이다. 나름대로 균형 있게 책 읽기를 하고 있다.

아직도 읽을 책이 많기에 저 책들을 다시 읽게 될 확률은 상당히 희박하다. 왜 먼지만 쌓여 가는 책들을 버리지 못하고 있을까? 지금이라도 당장 중고 서점에 싹 들고 가서 팔면 그래도 노트북 한 대 값은 받을 수 있을 텐데……. 10년 전에 읽은 책마저 왜 이렇게 짊어지고 있는 걸까? 책들이 나의 지식과 실력을 보여 주는 증표라도 되는 양 버리지 못하고 있다.

책장에서 아무 일도 안 하는 듯 보이는 저 책들이지만 그렇지 않다. 매년 크리스마스마다 만드는 북트리의 주재료는 원서이다. 색색의 원서들을 크기별로 탑처럼 쌓아 올리면 그 자체로 개성 있다. 여기에 구슬 전구만 대충 휘둘러 줘도 감성이 돋보인다. 아는 사람은 다 안다는 원서의 인테리어 효과이다. 하지만 장식 효과가 다가 아니다.

내게 처음 영어책 읽는 기쁨을 안겨 줬던 《행복한 이기주의자 Your Erroneous Zones》, 여러 번 읽느라 책이 세 동강이 난 《먹고 기도하고 사랑하라 Eat Pray Love》, 명상이라는 걸 가르쳐 주고 삶을 더 깊게 바라보게 해 준 《상처받지 않는 영혼 The Untethered Soul》, 가끔 펼쳐서 그림만 봐도 기분 좋아지는 《책 좀 빌려줄래? I Will Judge You by Your Bookshelf》까지. 정든 친구 같다.

책들에는 영어 때문에 좌절했던 순간부터 책 속 친구들과 울고 웃었던 추억들이 고스란히 담겨 있다. 책을 읽기까지의 나, 책을 읽던 나 그리고 함께 읽던 사람들이 모두 담겨 있다. 소중한 추억을 다시 떠올리고 싶어서 블로그 책장에 감상을 옮겨 담기 시작한 것이 어느새 3년이 넘었다. 내 글을 읽고 자신도 원서를 읽고 싶다는 블로그 이웃 댓글에 용기를 얻어 온라인 북클럽을 열었다.

2021년 4월, 카카오톡 오픈 단톡방에서 30명 정도가 함께 영어책을 읽기 시작했다. 2023년 11월 현재 네이버 리북스 카페에는 1,500명이 모여 있다. 매달 평균 100명 이상이 단톡방에서 함께 소통하며 영어책을 읽는다.

내 꿈은 영어책이 사방에 놓여 있는 북카페를 여는 것이다. 원서 큐레이터가 되어 손님들의 영어 한풀이도 들어 주고, 영어책을 읽어 본 적 없는 이들에게 수준에 맞고 재미있는 책을 소개해 주고 싶다. 향긋한 커피 향을 맡으며 원서를 읽어 볼 수 있는 멋진 공간을 만들고 싶다. 현실과 이상을 이어 줄 용기가 부족했던 탓에 나의 꿈은 아직도 빛바랜 책들과 함께 책장에 꽂혀 있다. 대신 온라인에서 더 많은 사람에게 영어책 읽기를 전하고 있으니 꿈의 반은 이루었다. 정든 책들을 이대로 버리고 싶지는 않다. 이 친구들을 소개하는 공간을 만들고 싶다는 꿈이 여전히 남아 있기 때문이다. 앞으로 3년 뒤 나의 책장에는 어떤 책들이 꽂혀 있을까? 그 책들이 나를 어디로 데려갈지 내가 책들을 어디로 데려갈지 설레는 마음으로 기다려 본다.

- 원서 읽기 입문 추천 리스트 -

1. 챕터북
《Fantastic Mr. Fox》 by Roald Dahl
《The Magic Finger》 by Roald Dahl
《Gooney Bird Greene》 By Lois Lowry

2. 청소년 소설
《Dear Mr. Henshaw》 by Beverly Cleary
《Sarah, Plain and Tall》 by Patricia MacLachlan
《26 Fairmount Avenue》 by Tomie Depaola

3. 에세이
《Always Wear Clean Underwear!》 by Marc Gellman
《Who Moved My cheese?》 by Spencer Johnson
《Out of the Maze》 by Spencer Johnson

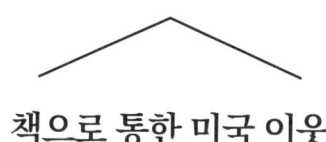

책으로 통한 미국 이웃

토니

　지난 몇 년간 한류가 전 세계를 강타할 때 그 덕을 톡톡히 봤다. 'BTS'는 이름 정도만 알고 있던 동네 이웃들이 영화 〈기생충〉을 극찬하고 영화 〈미나리〉를 언급했다. 넷플릭스 시리즈 〈오징어 게임〉은 10대 사이에서 광풍이었다. 핼러윈 시기와 맞물려 〈오징어 게임〉 관련 의상까지 만들어질 정도였다. 나의 위상도 덩달아 올라갔다. 변두리 이방인에서 갑자기 화제의 중심에 섰다. 이웃들을 만날 때면 서로 다른 문화적 배경 때문에 심리적 거리감을 느낄 때가 많았는데 한 뼘 떨어져서 어색해하던 나와 이웃들 사이에 '코리안 웨이브'라는 다리가 놓였다. 이웃들이 다리를 건너 나의 마음에 다다랐다.
　한류 열풍을 제대로 경험한 건 지난겨울 커뮤니티 칼리지에서 영어 수업을 들을 때였다. 미국 학교에서 영어를 정식으로 배운다는 생각에 들떠 첫 수업에 참석했다. 교실에 앉아 있는 학생들은 대부분 20대였다. 그 사이에 앉아 있자니 나도 20대로 돌아간 것 같은 착각이 들었다. 한편으로는 나이 많은 학생인 내가 이들에게 부담스럽지 않을까 염려되었다. 그러나 통성명하면서 그런 걱정이 싹 사라졌다. 내가 한국에서 왔다는 이유 하나만으로 학생들의 눈이 반짝였다. 종이에 한글을 써서 보여 주기도 하고 아이돌과 한국 드라마 이야기를 화제로 꺼냈다. 석 달 동안 나의 인기는 시들 줄 몰랐다.

석 달 과정의 마무리 시간에 각자 선정한 주제로 프레젠테이션을 했다. 이때 나는 《미움받을 용기 The Courage To Be Disliked》를 소개하기로 했다. 이제 막 사회생활을 시작한 청춘들에게 도움이 되면 좋겠다는 생각에서 고른 책이었다. 처음으로 PPT를 만들어 봤다. 아들러의 개인심리학에서 제시하는 개념과 그에 대한 예시를 찾아 정리했다. 발표는 성공적이었다. 학생들이 내 말을 이해할 수 있을지 걱정이 앞섰지만 눈을 반짝이며 내게 집중하고 있는 것을 보니 자신감이 생겨났다. 신나게 말을 이어 갔다. 발표가 끝나자 학생들이 어디에서 책을 구매할 수 있는지 알고 싶어 했다. 좋은 책을 소개해 줘서 고맙다는 말을 듣고 무척 뿌듯했다.

나는 필라델피아 외곽 지역에 살고 있다. 집에서 15분 거리에 한국 마트인 'H 마트'가 있다. 그래서인지 친한 이웃 몇몇은 김치를 사다 놓고 먹는 게 익숙하다. 그렇다고 이 동네에서 한국인을 자주 볼 수 있는 건 아니다. 백인이 90% 이상의 비율이기 때문이다. 도시 외곽 지역이라서 그런지 개방적인 분위기이다. 길을 가다가 마주치면 누구라도 환하게 웃으며 인사를 건넨다. 이런 동네에 살면 현지인과 쉽게 친해질 수 있을까?

인사 정도 건네는 이웃에서 좀 더 친한 사이로 발전하게 되는 건 미국도 한국과 마찬가지로 자녀 덕분이다. 또래 아이를 키우다 보면 부모도 자연스럽게 친목을 나누게 된다. 딸 덕분에 몇몇 이웃과 돈독해졌다. 서로의 집을 오가며 주말 밤을 화기애애하게 보내는 사이가 되었다. 그러나 이웃 모임에 참석하는 게 마냥 즐겁지만은 않았다. 거기에서 나는 말 그대로 꾸다 놓은 보릿자루였다.

  수다스러운 미국인들 사이에 이방인에 대한 배려 같은 건 없다. 자기 말을 하느라 바쁘다. 누가 말을 하면 되받아치는 농담이 필수이며 기회를 잘 봐서 상대방의 말을 요령 있게 끊고 끼어들어야 한다. 나는 둘 다 잘하지 못한다. 끼어들고 싶어도 대화 주제에 대해 아는 게 없어 불가능하다. 어렸을 적 봤던 영화, 듣던 노래, 학창 시절 이야기 등등 내가 경험하지 못한 것에 대해 이웃들이 이야기를 늘어놓으면 가만히 듣고 있을 수밖에 없다. 대화를 따라가려고 온 신경을 곤두세워 집중하다가 한 시간이 지나면 슬슬 진이 빠진다. 나에게도 드물게 발언 기회가 주어지지만 대화를 길게 이어 나갈 수 없어 속상하다. 그렇게 두세 시간이 지나고 나면 허리도 아프고 외로움도 커진다. 한국에 있는 가족과 친구가 무척 그리워진다.

  한국에서 진행되는 온라인 북클럽을 발견하기 전이었다. 이날도 세 가족이 모여서 노는 중에 재키가 나에게 《H마트에서 울다Crying in H Mart》에 대해 아느냐고 물었다. 자신이 참석하는 북클럽에서 읽고 있는 책인데 정말 좋다며 꼭 읽어 보라고 추천했다. 영어로 읽는 게 가능할지 잘 모르겠다고 대답했지만 재키가 추천하니 어떻게라도 한번 읽어 보고 싶다는 생각이 들었다. 그로부터 몇 달이 지나 한국 온라인 북클럽에 가입하면서 나도 《H마트에서 울다Crying in H Mart》를 읽게 되었다. 저자인 미셸 자우너의 엄마는 나와 배경이 같다. 미국인과 결혼하여 딸을 낳고 미국 땅에 정착한 한국인 이민자. 재키는 미셸 자우너의 엄마에게서 나의 모습을 본 것일까? 낯선 나를 조금은 알게 되었을까?

재키를 다시 만났을 때, 《H마트에서 울다 Crying in H Mart》에 대한 이야기를 나누었다. 꾸어다 놓은 보릿자루에서 화제를 주도하는 참여자가 되어 대화를 나누었다. 쉽게 연결되지 않던 우리 사이에 원서라는 다리가 놓였다. 말로 이해시킬 수 없었던 내 삶의 일부가 원서를 통해 이방인에게 전달되었다. 마찬가지로 나를 이해할 수 없을 것이라고 여겼던 이방인이 사실은 나에게 깊이 공감하고 있다는 것을 나 또한 다리를 건너면서 알게 되었다.

이날 이후 이웃과 어울릴 때면 원서 이야기가 꼭 등장했다. 내가 무슨 책을 읽고 있는지 다들 궁금해했다. 《대지 The Good Earth》, 《노인과 바다 The Old Man and the Sea》, 《위대한 개츠비 The Great Gatsby》, 《호밀밭의 파수꾼 The Catcher in the Rye》, 《1984》 등 내가 읽고 있는 고전 문학을 언급할 때면 이웃들의 눈빛이 30여 년 전 학창 시절로 돌아간 듯 향수에 젖어 그윽해졌다. 중년의 한국 아줌마가 자신들이 학창 시절에 배웠던 책을 읽고 있다고 하니 이웃들이 무척 신기해했다. 학창 시절에는 그저 그랬던 책이었지만 인생을 좀 산 지금 그 책들을 다시 한번 읽어 보면 어떨지 궁금해했다.

중국 이민자 모녀의 삶을 그린 《조이럭 클럽 The Joy Luck Club》은 여러 이웃이 감명 깊게 읽었다고 평가했다. 이민자가 아니라고 해도 약자인 여성의 삶과 모성애에 대해 공감할 수 있었다며 극찬했다. 레이먼드 카버의 《대성당 Cathedral》을 읽을 때는 미국 가장의 모습이 오늘

날의 모습과 상반되는 것 같아서 이웃들의 어린 시절에 관해 물어보기도 했다. 집 안에서 담배를 피우고 술을 마시는 게 일상이던 시절, 가족에게 그다지 다정다감하지 않았던 아버지 이야기를 들려주었다. 군인처럼 엄격했던 아버지, 이혼과 재혼을 반복했던 아버지, 이혼으로 영영 떠나 버린 아버지, 친절하지 않았던 새아버지 이야기를 들을 수 있었다. 나 역시 술을 마시는 아버지 때문에 힘들게 자랐던지라 나만 그런 게 아니구나 싶어 위로가 되었다.

동네에서 제일 친한 이웃인 아그네스와는 책 이야기를 더 자주 나눈다. 각자 다른 북클럽에 속해 있지만 같은 책을 읽는 경우도 더러 있다. 그러면 내가 궁금해하던 부분에 대해 물어볼 수 있어 좋다. 아그네스 역시 한국을 배경으로 한 책을 읽을 때면 내게 여러 가지 질문을 던진다. 최근에 아그네스가 《H마트에서 울다 Crying in H Mart》를 읽다가 궁금해한 것은 바로 '똥침 놀이'였다. 똥침에 대한 묘사가 아그네스에게는 꽤 충격적이었는데 나의 설명 덕분에 놀란 마음을 진정시킬 수 있었다.

나는, 우리는 왜 원서를 읽는 것일까? 번역서로도 사람과 사람 사이에 다리가 만들어진다. 그러나 원서라는 다리는 더욱 강력하다. 다리 저쪽 사람들의 고유한 말을 이해하려는 나의 노력이 그들에게 귀하게 여겨진다. 다리 저쪽 사람들의 고유한 말이 이해되는 순간 나의 시야가 확장된다. 다리를 건너 책 속 인물들을 만나는 것은 물론 이를 통해 나의 이웃을 만나고 그들의 문화를 이해하게 된다. 다리 하나를 건널 때마다 우리의 관계는 더욱 돈독해진다.

이웃들과 대문을 활짝 열어 놓고 왕래할 만큼 편한 사이라고 아직은 말할 수 없다. 그러려면 다리를 수십 번 더 오가야 할지도 모른다. 원서이든 번역서이든 다리를 놓을 수 있다면 무엇이든 좋다. 다리를 오가며 이웃들을, 사람들을, 문화를, 세상을 알아 가고 싶은 마음이 간절하다. 오늘도 원서를 넘기며 한 뼘의 다리를 짓는다.

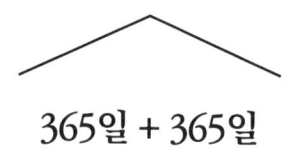

365일 + 365일

너란아이

아침부터 비가 촉촉하게 내린다. 매달 28일, 북클럽 마지막 날이 되면 임무를 완수한 것처럼 뿌듯하다. 북클럽 안에서 살아온 28일. 열심히 살아온 대가는 페이백이다. 큰 금액은 아니지만 맡겨 둔 선물을 찾아가는 느낌이다.

매달 1일이 되면 10시가 되길 기다린다. 특히 원서는 양질의 도서를 고르기 힘들다. 재미도 보장되지 않는다. 하지만 북클럽에서는 리더님들이 각자 맡은 분야의 책을 선정해 주기에 그 안에서 고르기만 하면 된다. 선정된 책을 보며 리플을 단다. 누가 신청했고 몇 명이 신청했는지 확인한다. 빠르게 마감이 될 것 같은 책에 다시 줄 서고 싶은 묘한 마음이 든다. 그래서 1권만 신청하려던 게 4권이 될 때도 있다. 뒤늦게 후회를 하지만 물리지는 않는다.

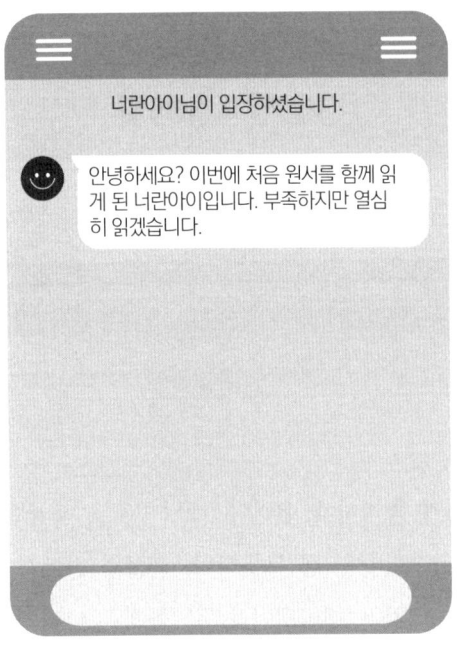

첫인사에 '부족하지만 열심히'를 꼭 넣는다. 누가 물어본 것도 아닌데 '처음'이라고 하면 이해해 줄 것 같아서. 방장님이 내 이름을 불러 주면 소속감이 느껴진다. 읽지도 않았는데 다 읽은 것 같은 뿌듯한 마음이다. 원서 4권을 가로로 눕혀 놓고 주문을 걸어 본다. '완주하자.'

한 권당 20분씩 또는 한 챕터씩 낭독한다. 낭독은 눈으로 읽고, 입으로 말하고, 귀로 듣는 작업이다. 읽기 능력이 향상되고 귀가 트일 수밖에 없다. 나에게는 원서를 읽기 위한 최고의 인증 방법이었다. 그래서 365일 낭독을 목표로 했다. 원서 4권을 모두 읽으려면 시간을 만들어야만 했다. '야간 낭독'이 나에게 잘 맞았다. 일주일에 화/목 두 번, 1시간씩 총 8시간을 할애하기로 한다. 읽고 싶은 만큼 읽고 다음 사람에게 패스를 하는 방식이다. 여럿이 낭독하니 완독이 더 쉬워졌다.

  단톡방에 올라온 한 파일을 듣고 나서부터 유창하게 읽으려 하지 않는다. 한 남성 멤버가 밥을 먹으면서 낭독했는데 가족들의 목소리가 배경이 되어 있었다. 소음에 민감했던 내게는 적지 않은 충격을 주었다. 영어가 일상이 된 것이, 남의 시선을 신경 쓰지 않는 대범함이 멋졌다. 그동안 낭독을 할 때 완벽한 분위기에서 정확한 빠르기로 읽어야 한다는 생각이 있었다. 그 고집이 내 영어 실력을 가로 막았던 것이다. 남들은 관심 없는 소음과 명확한 발음들에 집중하다 보니 낭독이 자유롭지만은 않았다.

  낭독을 하다 보니 영어 실력의 허점이 보였다. 일부터 저지르는 성격이라서 덜컥 영문과 편입을 했다. '영어 듣기 연습', '영미 문학', '미국 문학사' 등 학교에서 정해 준 과목을 꼬박꼬박 들었다. 6개월 쯤 되니 번아웃이 왔다. 학교 수업, 원서 4권 낭독, 아이들 챙기기. 포기하고 싶어질 때쯤 재등록을 했다. 그렇게 4학년 2학기를 다니고 있다. 버겁기는 하지만 잠깐 놓으면 원점으로 돌아갈 것을 안다.

  귀가 트이고 읽기 실력이 늘었지만 말을 떼기는 참 어려웠다. 그래서 전화 영어를 선택했다. 처음에는 전화 영어 전문 업체로 시작했다. 하지만 내가 원하는 수업 방식이 아니었다. 길게 말하고 싶었다. SNS 광고를 내고 구인을 했다. 시범 수업을 받고 나에게 맞는 선생님을 찾았다. 그렇게 매일 오전 1시간은 영어로 아무 말 대잔치를 한다.

  매일 이렇게 하지 않으면 아무것도 먹지 않은 것처럼 배고팠다. 그렇게 365일, 1년이 갔다. 여전히 나는 궁금하다. '언제쯤 외국어가 온전히 내 것이 될까?' 의문을 품으며 오늘도 멈추지 않는다. 살면서 제일 후회되는 일은 두려워 시도조차 하지 못했던 순간들이었으니까 말이다. 그렇게 다시 365일을 채우며 앞으로 나아가 본다.

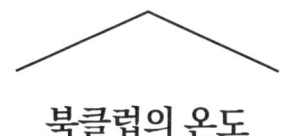

북클럽의 온도

하루 고요한 시간

뜨거운 감자를 덥석 집어 들었다간 데인다. 못 참고 집어 들어 후후 불며 한 입 베어 먹더라도 바로 내려놓아야 한다. "뜨거뜨거" 호들갑을 떨며 먹는다. 입속이 데이지 않게 바람을 불어 내보내기도 해야 한다. 뜨거운 감자를 내주는 사람은 좋은 사람이다. 우리 엄마처럼. 감자를 익히고 잠시 그릇에 내어 둔 사이에도 감자가 식을까 내 이름을 몇 번이나 불러 식탁 앞에 앉힌다.

살면서 몇 번은 뜨거운 감자 같은 북클럽에 참여했다. 뜨거운 감자 북클럽은 무언가를 사랑할 줄 아는 마음이 큰 사람들이 한 번에 모일 때 결성된다. 그들이 애정을 가진 대상은 다양하다. 영어, 문학, 사람, 그리고 이 모든 것. 사람들의 열기로 단톡방이 뜨거워서 하루에도 수백 번은 더 휴대폰을 들여다봤다. 하루 종일 책 생각을 하다 심연의 세계까지 다녀오느라 머리가 얼마나 바빴는지 모른다. 생각을 나누느라 손가락엔 굳은살이 배길 지경이었다.

나는 영어에 대한 애정이 많다. 20여 년간 배우고 써 온 영어를 반복해도 남는 건 정이었다. 영어가 좋아서 영어책을 읽는 사람이었다. 시작은 좋았다. '영어로 책 읽는 기쁨과 즐거움을 나누길 바랐는데 나 같은 사람이 많네. 난 이렇게 읽고 이해했어. 당신은?' 내 생각에 동의하지 않는 멤버들과도 끊임없이 의견을 나누었다. 그렇게 북클럽의 온난화에 기여했다. 시도 때도 없이 생각을 늘어놨다. 질문이 올라오면 만사 제쳐 두고 답해야 할 것 같았다. 문학에 대한 애정이 많은 멤버는 작품 이야기를 쏟아 냈고 사람에 대한 정이 많은 멤버는 모든 톡에 반응했다. 작가가 설정한 상황이나 캐릭터에 대한 호불호로 찬반이 갈리기도 하였다. 책 한 권으로 하루가 꽉 차는 날들이었다.

  열기로 단톡방이 터져도 이상하지 않을 정도였다. 집에서 아이들을 돌보며 외출하지 않는 나도 단톡방에서 대화를 나누는 것만으로 하루가 이렇게 바쁘다. 다른 사람들은 대체 시간을 어떻게 쪼개어 쓰는 걸까? 단톡방에서 대화를 하다 크게 웃는 나를 보면서 남편이 "옆에 있어도 나는 혼자네."라고 했다. 휴대폰을 손에서 놓지 않고 웃어 버린 탓이었다. 일을 다시 시작하면 북클럽은 그만두어야겠다고 생각했다. 아이들을 내버려두고 단톡방 수다에 시간을 쏟아 버리고 자책하는 일을 그만해야 된다고 생각했다. 나처럼 버겁게 느끼기 시작한 사람이 많아져서였을까? 뜨거운 북클럽의 열기는 한 번에 녹아내렸다. 둘째가 유치원에 들어가면서 나는 다시 일을 시작했다. 그리고 여전히 북클럽에 남았다. 하지만 조금 식어 버린, 그래서 편하게 쥐어 먹어도 괜찮은 실온의 감자로.

  살면서 몇 번은 먹었을 뜨거운 감자. 뜨거울 때 먹어야 맛있을 것을 알면서도 잠시 시간을 둔다. 먹기 좋을 만큼 식은 감자를 집는다. 호들갑 떨지 않는다. 인생을 바꿀 책 한 권을 만났다 하더라도. 마음에 들지 않는 작가나 등장인물을 호되게 비난하지도 않는다. 모든 삶에는 저마다의 이유가 있기 때문이다. 누구나 당연하게 여기는 선택을 두고도 다른 선택을 하는 사람도 있다는 걸 책을 통해 배웠다.

 당신에게 책 읽기가 대단한 무언가가 되지 않았으면 한다. 등장인물을 만나고 작가와 대화한다는 자체로 즐거운 경험이다. 책 읽는 취향이 비슷한 사람들이 한 자리에 모여 같은 책을 읽는다. 함께 떠나는 책 여행을 위해 지도를 들여다보고 맛집 정보를 나눈다. 여행을 시작할 때 느끼는 설렘, 난관을 만났을 때의 위기감, 무사히 집으로 돌아오는 길에 느끼는 안도감 등을 공유한다.

 그 과정 속에서 나를 만난다. 넘기는 책장마다 나를 비추는 거울이 있다. 그리고 그 옆에 함께 비쳐진 사람을 만난다. 북클럽은 그렇게 만남에 대해 이야기할 수 있는 자리다. 한 권의 책을 함께 읽는 동안 바라본 풍경에 대해 소곤소곤 이야기를 나눈다. 친구나 가족에게도 하지 못한 말을 꺼내 놓기도 한다. 작은 공감 하트 하나로 온 마음을 전하거나 물음표와 말줄임표 같은 문장 부호 하나 때문에 침을 꼴깍 삼킬 때도 있다. 조용한 침묵은 미묘한 갈등과 긴장감으로 느껴지기도 하고 때로는 경청하고 있다는 메시지로 들리기도 한다. 책 한 권을 들고 함께 떠나는 여정에서 각자의 보폭과 속도를 존중해야 함을 배운다.

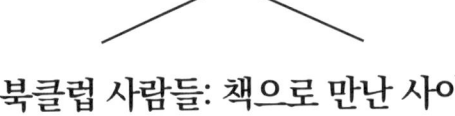

북클럽 사람들: 책으로 만난 사이

앤마러

2020년, 코로나가 전 세계를 덮쳤다. 전염병을 막기 위해서 오프라인에서의 만남은 차단됐다. 사람들은 온라인 세상으로 눈을 돌리고 있었다. 그러나 온라인 모임이 나에게는 낯설었다. 같은 시간을 공유하지만 왠지 가까워질 수 없는 기분이었다. 눈을 맞추고 공기를 나누는 것이 온라인에서는 불가능했다. 하지만 '이가 없으면 잇몸으로라도'라는 마음으로 온라인 세상에 합류했다. 누구도 만나지 않으면 우울증에 걸릴 지경이라 나도 할 수 없이 온라인 북클럽에 가입했다.

처음엔 운영 방식을 잘 몰라서 남들 하는 대로 따라 했다. 그달의 선정 도서 목록을 보고 과감하게 신청했다. 리더의 초대로 단톡방에 입장하자 같은 책을 선택한 멤버들이 하나둘씩 들어온다. 매달 1일에 각자 인증 달리기를 시작한다. 북클럽 책 읽기는 꼭 빨리 달려야 이기는 시합은 아니다. 한 달 내에 인증 20회와 책을 끝까지 읽는 것이 우리 공동의 목표다. 체력이 되면 빨리 읽고, 일이 있으면

천천히 읽어도 된다. 각자의 시간과 공간에서 원하는 방식으로 책을 읽는다. 설렌 마음으로 출발했다가 지치면 쉬기도 한다. 그러다 마감일이 가까워지면 채팅방이 분주해진다. 완독한 사람들이 하나둘씩 완독리스트에 닉네임을 올린다. 나도 덩달아 마음이 분주해져서 완독을 위해 좀 더 열심히 달리게 된다. 누군가가 완독 소식을 알리면 너 나 할 것 없이 축하해 준다. 나를 응원해 주는 사람들이 있다는 것 또한 북클럽의 장점이라고 할 수 있다. 결승선을 통과한 사람도 있고, 여러 가지 이유로 중간에 포기한 사람도 있다. 인증 20회와 완독을 채우지 못하면 페이백은 못 받지만, 결코 실패는 아니다. 혼자서 계속 이어서 읽으면 되기 때문이다.

책 읽기는 독립적인 활동이다. 책을 읽으면서 작가나 등장인물과 대화를 나누며 사유하기 때문이다. 책을 읽는 방식도 저마다 다르다. 단어 하나하나 찾아 가면서 꼼꼼하게 읽는 사람도 있고, 번역서를 함께 읽는 사람 그리고, 나처럼 모르는 단어를 꼭 필요할 때만 찾는 게으른 사람도 있다.

그러나 책 읽기는 함께 나눔으로써 훨씬 더 풍성해진다. 책을 읽은 후 소감을 공유하는 활동도 중요하다. 책을 읽으면서 가슴에 와닿는 순간들을 나누다 보면, 책에 좀 더 깊이 있게 들어갈 수 있다. 누군가는 내가 무심히 지나친 곳에서 큰 의미를 찾기도 하고, 내가 미처 보지 못했던 것을 발견하기도 한다. 한 권의 책을 다양한 시각으로 보게 된다.

그렇게 나는 북클럽을 통해서 또 다른 세계를 배운다. 북클럽에 참여하다 보니 온라인의 세계의 장점도 있는 것 같다. 거리의 장벽으로 만나기 어려운 사람들을 만나 서로의 거리를 좁힐 수 있고, 오프라인처럼 나의 정보가 훤히 드러나지 않는 것도 내가 좋아하는 점이다. 서로에 대해서 아는 것은 거의 없이 오로지 책을 통해서 서로의 생각을 나눌 수 있다. 어쩌면 서로를 잘 모르기 때문에 편견 없이 그들의 말에 더 귀를 기울이게 되는지도 모른다.

약속한 한 달이 끝나면 책을 덮고 서로에게 고맙다는 인사를 남기고 채팅방을 나간다. 우리는 책으로 잠시 가까이 다가갔다가 책을 끝마치면 인사하고 기약 없이 헤어지는 '책으로 만난 사이'이다.

(6장)

Story
영어 독서 후 얻은 삶의 변화

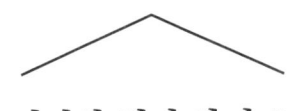

리더와 뤼더 사이 I

화려한 포장지 뒤에 숨은 나

쏘피쌤

예전에 화제가 됐던 드라마 중 〈아내의 유혹〉이 있다. 주인공이 점 하나 찍고 전혀 다른 사람으로 돌아와 바람난 남편에게 복수하는 내용이었다. 똑같은 사람이 점만 찍고 다른 사람이 된다는 다소 과장된 설정이 희화화되기도 했었다.

북클럽 리더를 맡으면서 별생각 없이 닉네임으로 '쏘피쌤'을 썼다. 북클럽 규모가 커지면서 많은 멤버들이 나를 '쏘피쌤'으로 부른다. 북클럽의 리더이자 말 그대로 '선생님'이 되었다. 점 하나 찍고 다른 사람이 된 듯 '쌤'이라는 말 하나로 다른 정체성을 갖게 됐다. 하지만 나를 선생님이라고 불러 주고 깍듯이 대해 주는 멤버를 만날 때마다 민망해서 쥐구멍으로 숨고 싶었다. '쌤'이라는 단어를 빼고 싶은 적도 많았다.

초등학교 시절 새 학기 초 처음 출석을 부르는 시간은 공포스러울 정도로 긴장됐다. 내 이름이 불릴 순서가 다가오면 심장이 터질 것 같았다. '특이한 이름을 애들이 놀리면 어쩌지?' 허스키해서 콤플렉스인 목소리도 문제였다. '네'라고 대답하면 모두 비웃을 것 같았다. 그렇게 나는 움츠려 있는 아이였다. 희한한 건 남들 앞에 나서는 걸 두려워하면서도 자꾸 반장을 했다는 것이다.

코로나가 한창이던 시절 공부방 선생님들 카페에 처음 가입했다. 방역 지침에 어떻게 대처해야 할지 몰라 도움을 얻고 싶었다. 오랫동안 교육업에 종사했지만 다른 선생님들을 만날 기회는 없었다. 카페에서 보는 선생님들은 하나같이 대단해 보였다. 수업도 잘하고 수입도 엄청난 사람들이 수두룩했다. 나만 형편없이 느껴져 마음의 병이 났다. 일에 자신이 없어졌다. 원서 읽기가 삶의 출구가 되었다. 원서를 읽는 동안은 내 자신이 그나마 멋있어 보였기 때문이다. 이 즐거운 취미를 나누고 싶었다. 그렇게 마흔여섯 번째 생일에 온라인 원서 북클럽을 만들었다.

멤버 수가 어느새 1,000명을 넘었다. 리더로서 온오프라인 모임을 주도했다. 온라인 회의 때마다 긴장되어 티셔츠가 젖었고 오프라인 모임 때면 어색하고 쑥스러워서 어찌할 바를 몰랐다. 북클럽을 이끌어야 하는 상황이 때로는 너무 버거웠다. 전에 MBTI 검사를 받았을 때 내향, 감각, 사고, 판단 지표가 높은 ISTJ가 나왔다. 검사 후 상담 선생님이 나보고 내향적인데 리더십이 있다고 해 주셨다. 그래서 학창 시절에 반장을 했고 지금도 리더로 활동을 하나 보다.

북클럽을 만들고 규모가 커지면서 매달 6권의 원서를 읽는다. 누가 시킨 것도 아닌데 모든 책을 다 읽었다. 리더였기 때문이다. 새벽부터 밤까지 틈만 나면 영어책을 읽었다. 하루 대부분을 책상 앞에 앉아 있었다. 매일 아침 하던 요가도 그만두고 책만 읽었다. 책상에 늘 숙이고 앉아 있으니 어깨는 굽고 허리도 아팠다. 너무 바빠서 툭하면 인스턴트로 끼니를 때웠다. 우선순위가 영어책 읽기였다. 모든 일이 밀렸다. 설거지와 빨래가 쌓여 갔다. 남들에게 보여 주기에 급급해서 1년간 영어책만 읽어 댔다. 리더라는 완장을 차고 스스로가 만든 기준에 맞추기 위해 발버둥 치고 있었다. 점점 오디오 북으로 흘려듣는 책이 많아졌다. 책장을 넘기지만 읽는 시늉만 하고 있었다. 나를 보며 대단하다고 하는 멤버들한테 미안해지기 시작했다. 대충 읽고 있다고 고백했지만 과장된 이미지가 진짜 나를 가리고 있었다.

북클럽 멤버들은 내게 이런 기회를 줘서 고맙다고 말했다. 단톡방은 얼굴이 보이지 않으니 '~', '♡'를 열심히 섞어 가며 친절하게 대응하려고 노력했다. 평소 무뚝뚝하고 낯가리는 나는 온데간데없었다. 다정한 리더 쏘피쌤만 있었다. 포장하고 있었다. 영어 잘하는 척, 책 많이 읽는 척, 친절한 척. 내가 만든 포장 속의 내가 날 보고 있었다. '척' 무늬의 포장지를 걷어 내고 깊은 속을 들여다봤다. '너는 왜 여기서 이렇게 척을 하고 있니?' 스스로에게 물었다. 지금 내가 포장된 이미지로 누군가의 마음에 병을 주고 있을까 봐 자책했다.

누구나 예쁜 포장지를 좋아한다. 포장지가 화려한 건 아무 잘못이 없다. 그 안에 든 것이 진짜면 된다. 함께 영어책 읽는 기쁨을 누리기 위해 북클럽에 모였다. 빛나는 마음이 담겼다. 이런 마음을 담기 위해서라면, 기꺼이 나는 점 대신 '쌤'을 붙이고 내게 주어진 '리더'

라는 정체성을 받아들이겠다. '쏘피'가 '쏘피쌤'이라는 포장지를 만나는 순간이 마법 같은 변신의 순간인지도 모른다.

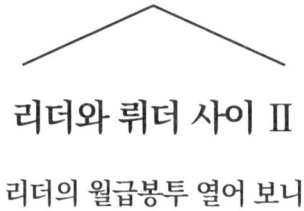

리더와 뤼더 사이 Ⅱ
리더의 월급봉투 열어 보니

쏘피쌤

　한참 노트북과 휴대폰을 번갈아 보며 화면 속 숫자와 씨름하고 있었다. 한 달 동안 북클럽에서 열심히 인증하며 책을 다 읽은 멤버에게 참가비를 돌려주는 날이었다. 100명이 넘는 멤버에게 일일이 송금하는 것은 늘 적응하기 어렵다. 계좌 이체가 끝나고 뻐근해진 목을 잡고 있자니 갑자기 모든 게 억울했다. '아, 이게 무슨 고생이야! 돈도 안 되는 일 한답시고.' 가슴속 깊은 곳에서 나온 한숨이 바닥을 타고 온 방에 퍼졌다. 북클럽 이끈 지 1년이 지났을 때쯤 내 앞에 남은 건 설렘이 빛바랜 To-do List뿐이었다.

　코로나가 한참 심각했던 때라 남편 월급이 삭감된 지 반년이 지났다. 나도 기존에 하던 수업을 호기롭게 그만두고 새로 시작한 일에서 보기 좋게 물을 먹고 있었다. 아파트 대출금을 필두로 지출이 수입을 바짝 따라붙은 지 오래였다. 돈이 빠듯했다. 돈을 더 열심히 벌어도 부족한데 이러고 있는 자신이 한심하게 느껴졌다. 답답한 마음에 고개를 돌려 창밖을 바라봤다. 문득 지난여름 어느 새벽 책상에 앉아 책을 읽고 있는 내가 보였다.

　새벽 5시, 알람처럼 제때 떠진 눈을 깜박거리며 별과 인사를 나눈다. 차갑지도 시원하지도 않은 아침 공기를 약수처럼 몇 모금 들이마시니 정신이 든다. 동트기 전 하늘은 고요하지만 분주하다. 부엌으로 가서 따뜻한 물로 공복을 달래고 책상 앞에 앉는다. 노트북을 열고 5ABC 북클럽의 문을 연다.

　부스스한 머리와 부은 눈의 새벽 영혼들이 하나둘 노트북 화면을 채운다. 말없이 각자의 방에서 책을 펴고 어제 읽고 난 다음 장을 읽기 시작한다. 종이 넘기는 소리만 가끔 들릴 뿐 여전히 고요하다. 한 시간이 지나고 알람이 울린다. 책 읽기에서 얻은 통찰을 나누며 마무리한다. 평온하고 아름다운 아침이다.

　북클럽에는 새벽 5시에 책을 읽는 '5ABC' 외에도 다양한 스터디 모임을 운영 중이다. 토요일 아침 6~8시까지 다양한 주제로 영어 토론하는 '리씽크'는 장수 모임이다. 그 밖에 원서에서 발췌한 구문들을 난이도별로 해석하고 분석하는 '구독원해' 모임, CNN 뉴스를 필사하고 인증하는 모임, 영어로 채팅하면서 회화 연습하는 모임, 어휘 책을 정해서 공부하는 모임, EBS 영어 회화 모임, 매일 밤 야간 낭독 모임, 재미로 하는 왼손 필사 모임까지 다양하고 흥미로운 소모임들이 자발적으로 만들어졌다. 우리들의 놀이터에서 그동안 쌓아 둔 영어 실력을 뽐내며 신나게 놀 수 있었다. 너무 재밌어서 새벽부터 밤까지 종일 놀아도 지겹지가 않았다. 영어 학습을 넘어

저축해 둔 영어를 소비하는 재미는 생각지 못한 통장 잔액을 발견한 기쁨보다 컸다.

- 태어나서 처음 영어책을 읽었는데 완독까지 하니까 엄청 뿌듯하네요.
- 코로나 우울증 때문에 힘들었는데 함께 원서 읽으면서 많이 극복했어요.
- 7년 동안 게임에 중독되어 휴대폰 게임만 했습니다. 북클럽으로 초대해 주셔서 게임을 끊었어요. 쏘피쌤이 제 삶을 바꿔 주셨습니다! 정말 감사합니다.

    원서를 읽고 감사 메시지를 보내 주는 멤버가 종종 있었다. 표정이 보이지 않았지만, 성취감에 찬 목소리가 들리는 것 같았다. 단순히 영어를 공부하려고 시작한 취미 활동에서 자신의 쓸모를 찾은 것이 기뻐 보였다. 리더라는 이유로 과분한 감사 인사를 받을 때면 민망하기도 하고 만족스럽기도 하다. 내 덕에 인생이 바뀌었다는 말이 인사치레 같다가도 뿌듯해진다. 내가 깔아 놓은 멍석 위에서 재밌게 놀며 삶의 기쁨을 찾아가는 사람들을 보노라면 미소가 머금어진다.
    책상 위 노트북을 덮고 의자 뒤로 엉덩이를 깊숙이 밀어 넣는다. 스스로에 묻는다. '얼마를 받으면 만족하겠어?' 누구나 일한 만큼 금전적 보상을 기대할 것이다. 마흔이 넘도록 뭔가를 대가 없이 준 기억이 그리 많지 않다. 누군가에게 진정한 감사를 받은 기억도 쉽게 떠오르지 않는다. 북클럽을 이끌면서 재지 않고 나누는 경험을 얻게 되었다. 나를 통해 누군가가 성장하는 모습을 보는 것은 금전적 보상과는 또 다른 만족감을 주었다. 그동안 알아차리지 못했던 충만한 보상을 받고 있었다. 돈으로 살 수 없는 보람과 만족을 말이다. 안도의 한숨과 함께 긴장했던 몸을 편안하게 의자에 기댄다.

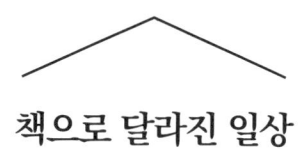

책으로 달라진 일상

토니

    2년 전 무작정 원서를 읽기 시작했다. 그때는 원서가 정복의 대상이었으나 지금은 내 삶의 일부이다. 이러한 변화를 겪은 사람이 나뿐만은 아닐 것이다. 내가 속한 북클럽만 봐도 원서 읽기를 즐기는 멤버가 많다. 그중 소모임을 진행하는 리더 다섯 명이 머리를 맞댔다. 우리가 체험한 원서 읽기의 즐거움과 효과를 널리 알리고자 글을 쓰기로 했다. 좋은 것이 있으면 함께 나누고 싶은 게 사람 마음이다. 원서 읽기가 나의 일상에서 어떤 역할을 하고 있는지 원서를 통해 내가 어떻게 성장했는지 소개하고 싶다.

    먼저 원서 읽기는 자기 계발의 으뜸이라고 말하고 싶다. 전문 강사의 코칭을 받지 않고 독학이 가능하다. 단기간 개설되는 과정에 참여하여 수동적인 태도로 지식을 배우는 게 아니다. 시작부터 자기 주도로 원서 읽는 방법을 습득해 나간다. 물론 혼자서 그 방법을 찾아내는 게 쉽지 않다. 그러나 이러한 과정에서 더디지만 조금씩 내공이 쌓이고 성취감을 얻게 된다. 원서 읽기를 2년가량 해 오면서 나의 영어 실력은 어느 정도 향상되었을까? 어휘력이 길러져서 읽기와 듣기에서 이해도가 높아졌다. 원서 읽기 초기에는 초등학생용 책이 내 수준에 적합하다고 생각했다면 지금은 어떤 책이든 두려움 없이 도전할 수 있다. 책의 난이도에 따라 해석하고 이해하는 분량이 달라지지만 소화한 분량만으로도 만족스럽다.

 원서 읽기는 자기 계발이라는 표면적 효과 외에 나의 내면에도 지대한 영향을 주었다. 나는 현재 미국에 살고 있다. 갑작스럽게 결정된 미국행이라 마음의 준비를 할 겨를도 없이 미국으로 떠났다. 정신없이 이민 준비를 하는 동안 두려움보다 희망을 품으려고 노력했다. 미국에 가면 사람들을 많이 사귀고 영어 실력이 늘 것이라고 기대했다. 그런데 미국으로 이주하고 집안 살림이 정리되자마자 코로나가 시작됐다. 철저히 사람들과 분리된 채 집 안에 갇혀 지내는 시간이 길어졌다. 그때 우연히 만나게 된 게 북클럽이다. 고립된 내게 원서 읽기가 사람을 데려다주었다. 원서를 통해 여러 시대의 사람을 만나 세상 구경을 하는 것은 물론이고 원서를 읽는 한국인들과 연결되어 한국어로 책 이야기를 나눌 수 있게 되었다. 같은 원서를 읽는다는 이유로 잠시 모였다고 할지라도 타향살이에서 연결이 주는 의미는 아주 크다. 개중에는 특별한 인연으로 자리 잡은 사람도 있다. 온라인 세상에서 맺어진 인연이 특별하다면 얼마나 특별하겠냐 싶지만 기적처럼 나를 지지하고 아껴 줄 누군가를 만날지도 모른다.

 원서 읽기가 나의 내면에서 발휘하는 또 다른 힘은 치유이다. 참으로 신기하다. 우리 집에는 고양이 한 마리가 살고 있다. 누구에게라도 안기는 아주 순한 고양이다. 속상한 일이 있으면 나는 고양이에게 간다. 사춘기 딸이 얄밉게 행동하거나 남편 때문에 화가 날 때, 혹은 걱정거리가 생겼을 때 고양이의 보드라운 털을 쓰다듬으면 마음이 진정된다. 그런데 언제부터인가 마음이 못마땅할 때면 고양이 대신 원서를 찾기 시작했다. 원서를 읽고 있으면 고양이가 옆에 와서 눕는다. 중얼중얼 원서를 낭독하면 걱정이 사그라든다. 얄밉던 딸과 남편이 덜 미워 보인다. 잔잔하게 울려 퍼지는 내 목소리가 때로는 구슬프고 때로는 명랑하다.

얄미운 딸과 남편에 대해 언급했지만 보통은 사랑스러운 부녀이다. 원서 읽기가 가져다준 또 다른 변화는 가족끼리 책으로 소통을 시작했다는 점이다. 내가 책을 읽으면 딸이 가끔 내 발음을 정정해준다. 나의 목소리를 건성으로 듣는 줄 알았는데 내가 읽고 있던 문장들을 기억하고 아는 척을 한다. 한번은 딸과 디스토피아에 대한 이야기를 나눈 적도 있다. 딸이 책 《화씨 451$_{\text{Fahrenheit 451}}$》을 읽는 중이었다. 디스토피아를 배경으로 한 고전 중 나는 《멋진 신세계$_{\text{Brave New World}}$》와 《1984》를 막 읽은 참이었다. 딸에게 《화씨 451$_{\text{Fahrenheit 451}}$》이 재미있냐고 물었더니, "책이 정말 시끄러워."라고 대답했다. 무슨 소리인가 싶어 다시 물어보니 책이 자신에게 자꾸 질문을 해대서 머릿속이 시끄럽다고 했다. 딸의 표현이 재미있으면서 그럴 듯했다. 우리는 디스토피아에 대해 한참 이야기를 나누었다.

남편과도 이야깃거리가 많아졌다. 낮 2시, 남편과 내가 산책에 나서는 시간이다. 30분 동안 동네 한 바퀴를 돌면서 읽고 있는 책에 대해 남편에게 이야기한다. 미국의 역사적 배경과 문화에 관해 질문하기도 하고 책의 줄거리를 요약해서 들려주기도 한다. 남편이 나의 말을 즐긴다. 화젯거리가 삶의 잡다한 임무에서 벗어난다. 둘이 손잡고 또 다른 시공간으로 이동한 느낌마저 든다. 내가 원서를 읽기 시작하면서 남편도 책을 읽기 시작했다. 동네를 걷다 보면 새장처럼 작고 귀여운 나무집 두 개를 지나친다. 작은 2단 선반에 책이 빼곡하게 꽂혀 있다. 이웃들이 책을 교환해서 보는 자율 책방이다. 남편은 이 나무집 책방에서 책을 빌려 읽는다. 회전율이 높아서 늘 새로운 책을 만난다.

가족끼리 장거리 여행을 떠날 때는 오디오 북을 듣는다. 책을 함께 들으면서 추임새를 나누다 보면 무료한 시간이 금방 지나간다. 따로 혹은 같이 원서를 읽는 우리 집. 식탁 위에, 책상 위에, 거실 소파 위에, 침대 협탁 위에 원서가 나뒹굴고 있다. 현재 《나를 있게 한 모든 것들 A Tree Grows in Brooklyn》을 딸과 함께 읽고 있다. 처음으로 둘이 함께 읽는 원서이다. 나와 같은 수준의 책 읽기가 가능할 만큼 성장한 딸이, 삶을 이해하기 시작한 딸이 경이롭다.

원서 읽기는 이렇듯 내 삶에서 무궁무진한 자기 계발이다. 외로운 삶에서 소통의 도구이다. 마음에 안정을 주는 위로이자 치유이다. 가족과 함께 나누는 오락이다. 그러니 원서를 읽지 않을 이유가 없다. 원서가 내 일상에 입힌 스토리가 꽤 아기자기하다.

원서를 읽는 우리를 영어 학습자가 아닌 독자라고 호칭하고 싶다. 원서가 각각의 독자를 만나 그 삶에 어떤 스토리를 입힐지 궁금하다. 원서로 변화할 당신의 스토리, 궁금하지 않은가? 그렇다면 일단 책을 펼쳐 보자.

마음에 닿는 문장은 노트에 옮겨요

다시 부엌에서 책을 펼치다

너란아이

비가 억수로 오는 날이었다. 처량해 보이고 싶어서 비를 흠뻑 맞았다. 어디를 둘러봐도 나를 바라보고 있는 사람은 없었다. 철저히 혼자였다. 오후 3시, 종로의 한적한 도로에서 급하게 공중전화 박스를 찾았다. 담장 너머 축 늘어진 버드나무가 나를 쳐다보고 있었다. 당장 누구라도 탓하지 않으면 죽을 것 같았다. 크로스백 바닥에서 10원짜리 동전 몇 개를 찾아냈다. 전화를 걸어야 한다, 전화를….

스물하나, 휴학을 하고 돈이 필요했다. 급하게 구인 광고를 보고 작은 무역회사에 입사했다. 신용장을 검토하고 달러를 파는 일이었다. 처음 해 보는 일이었지만 흥미로웠다. 아침에 30분 일찍 출근하고 30분 늦게 퇴근했다. 온갖 잡일을 맡아서 했지만 힘든지 몰랐다. 통장에 찍히는 급여에 모든 것이 용서되었다.

팀장님이 장기 휴가를 가시고 한 달 이상 자리를 비웠다. 고등학교 때 배운 영어 실력을 가지고 팀장님의 자리를 메웠다. 무역일이 흥미로웠고 잘 맞았다. 하지만 사장님 눈에 그저 나는 커피 타는 휴

학생일 뿐이었다. 얼마 뒤 사장님은 그만두라는 말을 우아하게 했다. 내 말은 들어 주지 않았다. 처음부터 들어 줄 생각도 없었다. 무역 영어에 기본이 안 되어 있다는 말에 자책하듯 회사를 빠져나왔다. 인생을 통째로 잘못 살았다는 생각이 들었다. 자존심이 목숨과도 같았던 스물하나. 나는 자존심도 영어도 건지지 못했다. 모든 기회에서 어려움부터 찾아내는 비관론자가 되어 버렸다. 머뭇거리는 사이에 기회들은 멀어져 갔다. 잠시 눈을 감고 일어났더니 40대가 되어 있었다. 잠깐 자존심이 상하는 걸 두려워한 나머지 수많은 기회들을 보지 않으려고 했다. 현실을 합리화하고 나서지 않기 위해 노력했다. 내가 놓친 건 기회와 타이밍이 아니라 나 자신이었다.

 아이 셋을 키우는 것은 생각보다 녹록하지 않았다. 주변에서는 셋을 낳았다고 하면 애국자라고 했다. 묵묵히 육아를 하던 중 이웃으로부터 논술 자격증을 따 보라는 제안을 받았다. 겁이 덜컥 났던 나는 무슨 논술 교사냐고 거절을 했지만 다음 날 선생님이 공부했던 자료와 워크북이 배달되었다. 고맙다는 인사를 하며 귀찮다는 듯 신발장에 뜯지도 않은 택배 박스를 내버려뒀다. 박스 위에 신문이 켜켜이 쌓여 가던 어느 날, 갑자기 박스는 분리수거가 되어 있었다.

 상대방의 수고스러움에 대한 미안함이 아프게 밀려왔다. 자격증 강의 60강을 들었다. 자연스럽게 실기 공부는 됐지만 필기 공부가 미흡해서 시험에 떨어졌다. 제대로 준비한 적이 없었기에 후회하지 않았다. 다시 일을 할 생각이 전혀 없었다. 하고 싶지 않았다. 그렇다고 집에서 우두커니 아이 셋의 육아를 하는 일이 마냥 즐겁지만도 않았다.

- 나는 무엇을 하고 싶었던 걸까?
- 내가 진짜로 원하는 삶은 어떤 것이었을까?

    육아라고 하기에도 너무 커 버린 아이들을 보며 늦은 나이에 나를 찾아야만 했다. 그동안 터널에서 나가는 방법을 몰랐던 것이 아니었다. 두려워서였다. 원하면서도 세상 밖으로 나가지 못한 이유가 고작 '두려움'이었다. 아이들과 경제적 문제가 걸림돌이라고 생각했다. 아무도 나를 도와주지 않는다고 원망했다. 하지만 뚜벅뚜벅 걸어 나가야 할 사람은 바로 나 자신이었다. 그래서 논술 교사가 되기로 했다.

    세상으로 나오고 싶다면 사람들 틈에 서라. 그 틈에 끼여 있다 보면 나만의 자리가 생긴다. 북클럽이 틈을 만들어 줄 것이다. 잘난 사람들 틈에서 더 잘날 필요는 없다. 더 훌륭한 엄마가 될 필요도 없다. 지금 그대로의 나를 보이면 된다. 나를 내어 보임으로써 흩어져 있는 경험이 하나가 된다. 작은 경험들일지 모르지만 하나가 되는 순간 온전한 나를 만날 수 있다. 그렇게 나는 브랜드가 될 수 있다.

    오늘도 비가 온다. 책 두어 권을 들고 카페를 나가는데 유재석과 이적이 부른 '말하는 대로' 음악이 흘러 퍼진다. 이 음악을 스물하나에 들었더라면 내 인생이 달라졌을까? 아쉬운 표정을 지어 본다.

    그러고는 중얼거려 본다. 말하는 대로, 생각하는 대로 할 수 있다고.

내 영어의 목적지는 어디인가

하루 고요한 시간

  영어 학원에서 원어민 강사의 지도 아래 나와 비슷한 수준의 사람들과 이야기하는 것은 기대했던 것보다 훨씬 재미있었다. 그러나 예상보다 빠르게 권태기가 왔다. 같은 반에 속해 있다고 이력이 같지 않았다. 달달 외운 영어의 한계가 찾아왔기 때문이다. 처음 같은 반에 배정받은 내 친구는 토익 고득점이라는 기본기가 있어서인지 말하기 실력이 빠르게 향상되었다. 정년퇴직을 앞둔 초등학교 교장 선생님은 반에서 가장 열심히 공부하신 분이었다. 삶의 지혜가 동력이 되어서였을까. 영어는 서툴렀지만, 평생 쌓아 온 교양과 삶에 대한 철학을 엿볼 수 있었다.

  외운 표현만으로 대화를 부드럽게 이어 가거나 내 철학을 표현할 수는 없었다. 영어 공부를 더 열심히 해야겠다고 마음먹었다. 단어를 외우고 신문을 읽었다. 관심 분야가 아니었지만, 미국 드라마와 쇼를 찾아보았다. 오래가지 않았다. 영어가 문제가 아니었다. 내 안에 쌓인 것이 없었다. 무엇을 채우느라 꽤 오랜 시간을 들여 열심히 살았다고 생각했는데 밖으로 꺼내어 보일 게 없었다.

　우리말로도 미처 접해 보지 않은 주제가 회화 교재에 들어 있었다. 내 생각을 키우고 다듬어야 할 필요성을 느꼈다. 한동안 기초 영어에 집중하느라 우리말 책 읽기와 글짓기에도 소홀해져서 내 사고가 벽에 부딪힌 느낌이었다. 다음 단계로 나아가기 위해 책을 읽기로 했다. 기술서와 자기 계발서를 읽기 시작했다. 실용적인 지식을 얻으면서 이 내용을 영어로 바꾸면 어떨지를 끊임없이 생각했다.

　자기가 잘 알고 있는 분야의 책으로 원서 읽기를 시작하는 것도 좋다. 내게는 자기 계발서가 그렇다. 첫째를 낳고 일을 쉬지 않으면서 시간을 쪼개어 살 때는 《미라클 모닝The Miracle Morning》이 도움이 되었다. 미라클 모닝을 실천할 수 있고 영어 공부도 손에서 놓지 않았다는 보람이 있었다. 둘째를 낳고 나서는 큰 아이와의 관계 회복을 위해 《자녀교육, 사랑을 이용하지 마라Unconditional Parenting》를 읽었다. 그 덕분에 아이를 위한다는 핑계로 통제적이거나 강압적이진 않았는지 평소의 언행을 돌아볼 수 있었다. 아이의 행동과 결과에 따라 더 사랑하느냐 마느냐 재지 말아야 한다는 것을 깨달았다. 아이를 잘 키워 내는 방법, 인간관계에서의 처세법, 우울하고 가라앉는 내면을 다스리는 법을 다룬 책을 주로 읽었다. 더 나아질 모습의 나를 목표에 두고 읽었다.

　자기 계발서를 주로 읽다가 우연히 《미 비포 유Me Before You》라는 소설을 읽었다. 불의의 사고로 전신 마비가 된 남자 주인공과 그를 돕기 위해 고용된 요양보호사 여자 주인공의 사랑 이야기였다. 하루아침에 불구가 된 능력 있고 잘생긴 남자 주인공은 삶의 존엄을 위해

안락사를 고려했다. 여자 주인공은 그를 돌보며 그에게 삶의 의미를 더해 주고자 애썼다. 자기에게 닥친 불행을 극복하지 못하는 남자를 비난할 수 없었다. 온 마음으로 남자 주인공을 돌보는 여자 주인공을 보면서 마음이 말랑해졌다. 허구의 이야기라 하더라도 그들이 사는 세상 속에 스며들었다. 그렇게 책 한 권이 마음속에 오랫동안 머물렀다. 덕분에 불평이 터져 나올 뻔한 순간에 입을 다문 적도 많았다. 생사를 두고 힘겨워하는 사람의 고뇌를 가까이에서 들여다보니 내 앞에 주어진 생이 감사하게 느껴졌다. 잘 쓰인 이야기의 힘을 느꼈다.

북클럽에서 이제 나는 주로 문학 작품을 읽는다. 현대 소설부터 고전 소설까지 도전한다. 현대 소설은 요즘 시대를 사는 이의 이야기를 들을 수 있어서 좋고 고전 소설은 왜 고전인지 감탄하게 되어 좋다. 소설의 배경은 다양하다. 살아 보지 못한 시대, 가 보지 못한 곳의 이야기여도 통하는 정서가 있다. 여자라서, 딸이라서, 엄마라서, 사회생활을 해 봐서, 건강에 대해 염려한 적 있고, 사랑하는 사람을 잃어 본 경험이 있어서, 누군가를 죽도록 미워하거나 사랑해 본 적 있어 공감할 수 있다.

지금까지 어떤 목표가 있어 영어 공부를 계속하고 있다고 생각했다. 시험을 위해, 취업을 위해, 원하는 책을 원서로 읽기 위해, 외국인과 자연스러운 소통을 하기 위해, 자유로운 외국 여행, 엄마표 영어를 하기 위해……. 영어 공부를 지속해야 할 이유는 여전히 많다. 하지만 이 모든 목표를 이루는 시점은 모른다. 종착역이 없는 기차를 탄 것 같다. 기차는 우리를 어딘가로 실어 나르는 일을 멈추지 않는다. 나 역시 그저 영어로 쓰인 글을 읽고, 들으면서 나의 생각과 철학을 담아 영어로 표현하는 일을 그만두지 않을 것이다. 영어라는 기차를 타고 이곳저곳을 자유롭게 이동하되 기차에서 내리는 일은 없을 것이다.

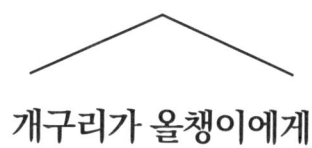

개구리가 올챙이에게

앤마러

- 네! 맞아요. 저 영어 좀 합니다. 그러니까 제 말 좀 들으세요.

 이렇게 외치고 싶을 때가 있다. 요즘 영어 원서를 읽고 있다고 말하면 사람들은 대부분 감탄을 한다. 그리고 내가 책을 어떤 방식으로 읽고 있는지, 어느 정도를 이해하는지 묻는다. 여러 가지 질문하는 사람들을 보면 영어에 대한 열의를 가지고 있는 사람들이 꽤 많다는 걸 알 수 있다. 그래서 영어를 잘하고 싶은 사람들에게 원서를 읽어 보라고 권한다. 쉬운 책으로 시작하면 할 수 있다고 독려도 해 본다. 그러나 그들의 반응은 싸늘하다. 내가 영어를 오래 해 와서 잘하니까 원서를 읽는 거라며. 그럴 때마다 나는 괜한 말을 꺼낸 기분이다.

 나는 외국에서 한동안 살았고, 직장 생활도 했으며, 지금은 영어를 가르치고 있다. 평범한 사람들보다 영어를 접할 기회가 많았던 것은 사실이다. 그러나 나도 영어가 서툴렀던 때가 있었다.

북클럽에서 제일 처음 읽은 책은 《조이럭 클럽The Joy Luck Club》이다. 매일 일정한 분량을 낭독하면서 내용을 따라가 보려고 노력해 봤지만 인물 관계가 복잡해지자 누가 누구인지 헷갈리기 시작했고, 흐름을 따라가지 못하니 책에 대한 흥미가 떨어지기 시작했다. 결과적으로 내용을 완전히 이해하지 못한 채로 끝마쳤다. 이후에 진행된 북토크에 참여하니 '내가 과연 같은 책을 읽은 것인가' 싶을 정도로 나는 많은 부분을 놓치고 지나갔다는 것을 깨달았다.

북클럽과 함께 영어책을 한 달에 한두 권씩 꾸준히 읽은 지 1년 차에 접어든다. 영어를 이해하는 어려움은 여전히 남아 있다. 해석이 어려운 구간들에서 헤매고 있고, 모르는 단어는 공부를 해도 계속 나타난다.

원서를 읽어 보라는 나의 말이 사람들에게 닿지 않았던 이유를 되짚어 본다. 나도 영어 초보 시절이 있었다. 지금도 영어가 어려울 때가 있다. 그런데 사람들이 보기에는 올챙이 시절을 잊은 개구리로 보인 건 아니었을까? 시작이 두려운 사람들의 마음을 헤아려 주지 못하고 영어책 읽기에 열심인 내 모습만 생각했던 건 아니었을까? 나도 한때는 올챙이였고, 그 처음의 두려운 마음들이 떠올랐다. 힘들어서 포기하려고 했던 순간들이 있었다. 처음은 누구에게나 막연하고 두렵다. 그렇지만 그 막막함 앞에서 용감하게 첫발을 내딛는 사람만이 원하는 무언가를 얻을 수 있다. 진흙탕에 발을 담그면 물속이 보이지 않아서 두렵다. 바닥에 발이 닿으면 그제야 안도감이 든다. 영어도 마찬가지다. 해 보지 않은 것이 두려운 것은 당연하다. 흙탕물에 발을 담가 본 개구리로서 당신에게 "두려운 마음이 들겠지만, 당신은 충분히 할 수 있다."라고 슬며시 당신의 손을 잡아 주고 싶을 뿐이다.

에필로그

쏘피쌤

당신이 영어책을 읽었으면 좋겠습니다.

"왜 영어책 읽어야 해요? 한국어 책도 좋은 게 많은데?"
누군가 이렇게 물은 적이 있습니다. 그날도 저는 영어책 읽기의 장점을 열심히 떠들고 있었어요. 충분히 물어볼 법한 질문이었는데, 답을 하기 쉽지 않았어요. 마치 그 질문은 저에게 "너는 도대체 왜 이 책을 쓰려고 하니?"라고 묻는 것 같았어요. 그래서 "누구를 위하여 책을 쓰려고 하는 걸까?" 스스로 물었습니다.
"당신이 영어책을 읽었으면 좋겠습니다."라는 편지의 수신자는 모든 사람이 아닙니다. 오랫동안 영어를 짝사랑하며 연습만 해 온 당신, 열심히 연습한 영어를 써먹고 싶은 당신, 이것저것 다 해 봐도 영어가 늘지 않아 속상한 당신, 원서 읽기가 로망인 당신에게 바치는 글입니다.
이 책을 쓴 다섯 명 역시 처음에는 영어 공부에서 쌓인 한을 풀고자 영어책 읽기 시작했어요. 영어 실력을 쌓으려고 읽기 시작한 책에서 삶의 지혜와 치유까지 얻었습니다. 생각을 나누며 사람들과 교감하게 되었어요. 그 아름다운 경험을 더 많은 분과 나누고 싶어 글을 쓰기 시작했습니다.

우리는 당신이 영어책을 읽었으면 좋겠습니다.

토니

영어 전문가도 아닌데 영어 이야기를 썼습니다. 원서 읽기가 좋다는 마음 하나로 글을 쓰겠다고 나섰습니다. 영어를 독학하는 것만큼 글쓰기가 어려웠습니다. 태어나서 처음 영어로 말할 때처럼 글을 내미는 게 수줍기만 합니다. 좀 서툴러도 진심은 통한다고 믿습니다.

원서를 만난 후 달라진 일상을 나누었습니다. 영어가 부족해도, 열심히 공부하지 않아도 원서를 즐길 수 있다는 메시지가 전달되기를 바랍니다. 누구나 전문가가 될 필요는 없다고 생각합니다. 영어와 원서를 즐거운 취미로 만나 보면 어떨까요?

별것 아닌 나의 스토리도 누군가에게는 별이라고, 작은 길잡이라고 상상해 봅니다. 많은 독자가 원서 읽는 즐거움을 체험하면 좋겠습니다.

너란 아이

온 마음을 다해 살았고, 주어진 삶이 전부인 줄 알았던 40대 평범한 엄마가 영어 원서라는 도구를 이용해 동굴에서 나왔습니다. 새로운 사람들을 만나고, 새로운 나를 만나고, 새로운 도전을 하면서 시작하는 것을 두려워하지 않게 되었습니다. 오랜 육아로 사라진 나를 찾고 싶다면 세상 밖으로 나오기가 두려운 분이시라면 저희들의 잔잔한 이야기들이 위로와 꿈이 될 것입니다. 당신의 인생이 누구보다 빛나길 바랍니다.

하루 고요 한 시간

북클럽에서 영어책 읽는 사람들의 이야기입니다. 영어책을 읽기까지의 나, 영어책을 읽는 동안의 나, 그리고 책을 읽고 난 뒤의 나를 생각하며 적었습니다. 수십 년간 영어에 담았던 애증의 감정이 이제야 조금씩 녹아내립니다. 완벽한 영어, 완전한 독서에 대한 욕심을 내려놓습니다. 오랜 시간 공부하고 익힌 영어가 내 일상에 유익하게 쓰일 수 있으면 그만입니다. 쌓기만 해 둔 영어, 이제는 신나게 소비합시다. 많이 사용할수록 쌓일 겁니다.

앤마리

영어책 읽어 보고 싶은데, 영어가 어려워서 시작하기 두려우신가요? 저도 처음에 '내가 잘할 수 있을까?' '중도에 포기하면 어쩌지?' 등 두려움이 있었습니다. 실제로 영어가 어려워서 좌절하기도 하고, 어려운 영어를 매일매일 꾸준히 한다는 것도 결코 쉬운 일은 아니었습니다.

과연 그것들이 시작을 못 할 이유일까요? 영어가 힘들면 쉬운 책은 고르면 됩니다. 잘하고 싶다고요? 처음부터 그러기는 힘들어요. 처음에는 못하고 서툰 게 당연합니다. 영어책을 능숙하게 읽어 내는 사람들도 어설프고 답답한 시간이 있었습니다. 계속하다 보니 차츰 나아진 겁니다. 그 과정을 알면 마음이 조금 편안해져요. 중도에 포기할까 봐 두렵다고요? 힘들고 재미없다면 포기해도 됩니다. 세상에는 재미있는 것들이 많으니 나의 흥미를 끄는 다른 것을 찾아보면 됩니다.

그렇지만 마음은 있는데 시작도 해 보지 않고, 마음을 접지 않았으면 좋겠습니다. 모든 일이 그렇듯 힘들어도 꾸준히 하다 보면 기쁨을 느끼는 순간들이 분명히 옵니다. 살면서 이런 기쁨은 시도하는 사람들에게만 주어지는 특권입니다. 기쁨의 순간들은 그 힘든 시간을 보낸 사람들에 대한 보상 같아요. 이 책을 통해 우리들의 원서 읽기 여정과 즐거움을 여러분과 함께 나누고 싶습니다.

부록

북클럽 리북스에서 읽은
영어 원서 목록

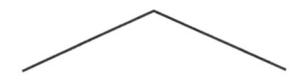

북클럽 리북스에서 읽은 영어 원서 목록

2021년 4월 ~ 2023년 11월

〈아동 문학 책 목록〉

	영어책 제목	한국어 책 제목
1	Dear. Mr Henshaw	헨쇼 선생님께
2	Junie B. Jones	주니 B. 존스
3	Marvin Redpost 시리즈	마빈 레드포스트
4	Sarah, Plain and Tall	사라, 플레인 앤 톨
5	The Magic Finger	요술 손가락
6	Magic Tree House 시리즈	마법의 시간여행
7	The Doll People	모든 집에는 비밀이 있어
8	The One and Only Ivan	세상에 단 하나뿐인 아이반
9	Gooney Bird Greene 시리즈	최고의 이야기꾼 구니 버드

〈청소년 문학 책 목록〉

	영어책 제목	한국어 책 제목
1	When You Reach Me	어느 날 미란다에게 생긴 일
2	A wish in the Dark	어둠을 걷는 아이들
3	The War that Saved My Life	맨발의 소녀
4	Hoot	후트
5	The Boy in the Striped Pajamas	줄무늬 파자마를 입은 소년
6	Wonder	원더
7	Flipped	플립
8	A Wrinkle in Time	시간의 주름
9	How to Steal a Dog	개를 훔치는 완벽한 방법
10	Number the Stars	별을 헤아리며
11	Harry Potter 시리즈	해리 포터
12	Matilda	마틸다
13	The Phantom Tollbooth	팬텀 톨부스
14	Charlotte's Web	샬롯의 거미줄
15	Frindle	프린들 주세요
16	No Talking	말 안 하기 게임
17	El Deafo	엘 데포
18	From the Mixed-Up Files of Mrs. Basil E. Frankweiler	클로디아의 비밀
19	Diary of a Wimpy Kid	윔피 키드
20	Everything, Everything	에브리씽 에브리씽
21	James and the Giant Peach	제임스와 슈퍼 복숭아
22	Charlie and the Chocolate Factory	찰리와 초콜릿 공장
23	Wish	소원을 이루는 완벽한 방법
24	Witches	마녀를 잡아라
25	The Tale of Despereaux	생쥐 기사 데스페로

〈문학 책 목록〉

	영어책 제목	한국어 책 제목
1	The Catcher in the Rye	호밀밭의 파수꾼
2	The Good Earth	대지
3	The Moon and Sixpence	달과 6펜스
4	Frankenstein	프랑켄슈타인
5	The Old Man and the Sea	노인과 바다
6	Love in the Time of Cholera	콜레라 시대의 사랑
7	Wuthering Heights	폭풍의 언덕
8	Pride and Prejudice	오만과 편견
9	The Little Prince	어린 왕자
10	Passing	패싱
11	The Reader	책 읽어주는 남자
12	Dead Poets Society	죽은 시인의 사회
13	The Children Act	칠드런 액트
14	Where the Crawdads Sing	가재가 노래하는 곳
15	Cathedral	대성당
16	And The Mountains Echoed	그리고 산이 울렸다
17	The Guernsey Literary and Potato Peel Pie Society	건지 감자껍질파이 북클럽
18	The Sense of an Ending	예감은 틀리지 않는다
19	Go Set a Watchman	파수꾼
20	The Island of Sea Women	해녀들의 섬
21	Anne of Green Gables	빨간 머리 앤
22	Pachinko	파친코
23	The Great Gatsby	위대한 개츠비
24	The Joy Luck Club	조이럭 클럽
25	Brave New World	멋진 신세계

〈문학 책 목록〉

	영어책 제목	한국어 책 제목
26	Beasts of a Little Land	작은 땅의 야수들
27	1984	1984
28	Lessons in Chemistry	레슨 인 케미스트리
29	Moby Dick	모비딕
30	Oh William!	오, 윌리엄!
31	Anxious People	불안한 사람들
32	Olive Kitteridge	올리브 키터리지
33	The Life Before Us	자기 앞의 생
34	Remarkably Bright Creatures	아쿠아리움이 문을 닫으면
35	Essays In Love	왜 나는 너를 사랑하는가
36	Of Mice and Men	생쥐와 인간
37	Stoner	스토너
38	A Thousand Splendid Suns	천 개의 찬란한 태양
39	Life of Pi	파이 이야기
40	The Grapes of Wrath	분노의 포도

〈비문학 책 목록〉

	영어책 제목	한국어 책 제목	비고
1	Crying in H Mart	H마트에서 울다	외국 에세이 (회고록)
2	It's Trevor Noah: Born a Crime	태어난 게 범죄	교양 인문 (회고록)
3	The Power of Geography	지리의 힘	사회학 일반
4	Dedicated	전념	교양 인문
5	The Courage to Be Disliked	미움받을 용기	교양 심리
6	The Courage to Be Happy	미움받을 용기 2	교양 심리
7	Will	윌(WILL)	성공/처세 (회고록)
8	Limitless	마지막 몰입	자기 능력 계발
9	Why Fish Don't Exist	물고기는 존재하지 않는다	쉽게 읽는 과학
10	The Tyranny of Merit	공정하다는 착각	교양 인문
11	Reader, Come Home	다시, 책으로	독서/글쓰기
12	What I Know for Sure	내가 확실히 아는 것들	외국 에세이
13	Men's Search for Meaning	빅터 프랭클의 죽음의 수용소에서	외국 에세이
14	Nudge: The Final Edition	넛지: 파이널 에디션	쉽게 읽는 경제
15	Essentialism	에센셜리즘 – 본질에 집중하는 힘	성공/처세
16	Give and Take	기브앤테이크	인간관계
17	Leaders Eat Last	리더 디퍼런트	경영 실무
18	Zero to One	제로 투 원	창업/장사

19	The Ride of a Lifetime	디즈니만이 하는 것	경영 일반/이론
20	The Millionaire Fastlane	부의 추월차선	재테크 일반
21	The 4-Hour Workweek	나는 4시간만 일한다	시간 관리
22	The Richest Man in Babylon	바빌론 부자들의 돈 버는 지혜	재테크 일반
23	Grit	그릿	성공/처세
24	12 Rules for Life	12가지 인생의 법칙	교양 심리
25	Thinking, Fast and Slow	생각에 관한 생각	경제 사상/이론
26	The Socrates Express	소크라테스 익스프레스	서양철학
27	Leading the Starbucks Way	스타벅스 웨이	광고/홍보
28	Sapiens: A Brief History of Humankind	사피엔스	교양 인문
29	Being Mortal	어떻게 죽을 것인가	교양 철학
30	How to Read Literature Like a Professor	교수처럼 문학 읽기	문학 이론
31	Homo Deus: A Brief History of Tomorrow	호모 데우스	교양 인문
32	The Subtle Art of Not Giving A F*ck	신경 끄기의 기술	성공/처세
33	How to Avoid a Climate Disaster	빌 게이츠, 기후재앙을 피하는 법	사회문제 일반
34	The Present	선물	자기 계발
35	I May Be Wrong	내가 틀릴 수도 있습니다	교양 인문
36	The Artist's Way	아티스트 웨이	성공/처세
37	Tuesdays with Morrie	모리와 함께한 화요일	외국 에세이
38	Start with Why	스타트 위드 와이	성공/처세

39	Secrets of the Millionaire Mind	백만장자 시크릿	재테크 일반
40	The 7 Habits of Highly Effective People	성공하는 사람들의 7가지 습관	성공/처세
41	Edible Economics	장하준의 경제학 레시피	쉽게 읽는 경제
42	Who Moved My Cheese?	누가 내 치즈를 옮겼을까?	성공/처세
43	Out of the Maze	내 치즈는 어디에서 왔을까?	성공/처세
44	The Man Who Mistook His Wife for a Hat	아내를 모자로 착각한 남자	쉽게 읽는 과학
45	The Untethered Soul	상처받지 않는 영혼	심리학 일반
46	How to Win Friends and Influence People	데일 카네기 인간관계론	인간관계
47	The Psychology of Money	돈의 심리학	재테크 일반
48	Smart Brevity	스마트 브레비티	성공/처세